新能源汽车专业技能型紧缺人才培养规划教材

Xinnengyuan Qiche Dipan Jianxiu

新能源汽车底盘检修

谢金红　毛　平　主　编
陈林锋　钟贵麟　蒙承超　副主编

人民交通出版社股份有限公司
China Communications Press Co.,Ltd.

内 容 提 要

本书为新能源汽车专业技能型紧缺人才培养规划教材之一。全书共4个项目,内容主要包括:纯电动汽车驱动系统常见故障检修、混合动力汽车传动系统常见故障检修、电子动力转向系统检修和再生制动系统检修。

本书可作为职业院校新能源汽车专业(方向)的教学用书,也可作为新能源汽车服务企业技术人员的培训用书。

图书在版编目(CIP)数据

新能源汽车底盘检修/谢金红,毛平主编. —北京:人民交通出版社股份有限公司,2018.8

ISBN 978-7-114-14868-2

Ⅰ. ①新… Ⅱ. ①谢… ②毛… Ⅲ. ①新能源—汽车—底盘—车辆修理 Ⅳ. ①U463.1

中国版本图书馆CIP数据核字(2018)第155587号

书　　名: **新能源汽车底盘检修**
著 作 者: 谢金红　毛　平
责任编辑: 翁志新
责任校对: 张　贺
责任印制: 刘高彤
出版发行: 人民交通出版社股份有限公司
地　　址: (100011)北京市朝阳区安定门外外馆斜街3号
网　　址: http://www.ccpress.com.cn
销售电话: (010)59757973
总 经 销: 人民交通出版社股份有限公司发行部
经　　销: 各地新华书店
印　　刷: 北京市密东印刷有限公司
开　　本: 787×1092　1/16
印　　张: 10.25
字　　数: 170千
版　　次: 2018年8月　第1版
印　　次: 2024年3月　第5次印刷
书　　号: ISBN 978-7-114-14868-2
定　　价: 25.00元
(有印刷、装订质量问题的图书,由本公司负责调换)

新能源汽车专业技能型紧缺人才培养规划教材
编　委　会

前 言

随着我国《节能与新能源汽车产业发展规划(2012—2020年)》的发布实施,以及政府各项扶持政策的出台,新能源汽车推广应用的步伐逐渐加快,企业也加大了对新能源汽车的投入,各大汽车厂商纷纷推出新能源车型。未来几年是新能源汽车的快速增长期,社会对掌握新能源汽车技术的技能型人才需求将不断增加。当前,新能源汽车专业技能型人才是名副其实的"紧缺人才",其缺口很大。职业院校作为技能型人才培养的主体,为行业培养和输送急需的技能人才,责无旁贷。

近年来,不少开设汽车类专业的职业院校新增了新能源汽车运用与维修专业(方向),但适合教学的专业教材少之又少。2017年,广东省的十几所高级技工学校(技师学院)、中职学校在经过了大量调研和多次研讨之后,决定联合人民交通出版社股份有限公司及相关企业,成立"新能源汽车专业技能型紧缺人才培养规划教材编委会",编写出版"新能源汽车专业技能型紧缺人才培养规划教材"。同年9月,在广州市轻工技师学院召开了教材编写启动会,确定了整套教材的课程体系、名称、编写大纲及编写分工。

本套教材,紧紧围绕新能源汽车的核心技术——"三大电"(电池、电机、电控)和"三小电"(电控空调、电控转向、电控制动),重视基础、强化实践,并注重培养学生的安全观念、职业素养和学习能力,力争使学生成为具有可持续发展能力的高素质技能型人才。

本书是本套教材中的一本,本书的编写分工为:蒙承超负责编写项目一;陈林锋、谭翠颜负责编写项目二;钟贵麟、孔定泉负责编写项目三;关永乐负责编写项目四。全书由谢金红、毛平统稿并担任主编。

限于编者水平,书中难免有错误和疏漏,恳请广大读者提出宝贵意见,以便进一步修改完善。

新能源汽车专业技能型紧缺人才培养规划教材编委会

2018年3月

目录

项目一　纯电动汽车驱动系统常见故障检修

学习任务1　认识纯电动汽车驱动系统

学习目标

(1)认识纯电动汽车驱动系统的类型。

(2)认识主流纯电动汽车驱动系统的工作原理。

(3)能够检查纯电动汽车驱动系统的主要部件。

建议课时

6课时。

任务描述

小王驾驶一辆纯电动汽车通过坑洼道路时,汽车底盘与地面磕碰,导致汽车在加速过程中产生异响。他担心该车的驱动系统会出现问题,于是到维修厂进行检查。如果你是纯电动汽车维修师傅,你将怎样进行检查?

一、信息收集

(一)纯电动汽车驱动系统

驱动系统是电动汽车的核心,一般由控制器、功率转换器、驱动电机、机械传动装置和车轮组成。其功用是将蓄电池组中的化学能以电能为中间媒介高效地转化为车轮动能,进而推动汽车行驶,并能在汽车制动及下坡时,实现再生制动(即将汽车动能吸收并转化为蓄电池化学能储存起来,从而增加续驶里程)。

驱动电机的作用是将动力电池的电能转化为机械能,通过传动装置驱动车轮,或由其直接驱动车轮。

电子控制器即电机调速控制装置,其作用是控制电机的电压或电流,完成电机的转矩和转向的控制,从而实现电动汽车变速和变向。

功率转换器用做 DC—DC 转换(直流—直流)和 DC—AC 转换(直流—交流)。DC—DC 转换器又称直流斩波器,其作用是将蓄电池的直流电转换为电压可变的直流电,并将再生制动能量进行反向转换,用于直流电机驱动系统。DC—AC 转换器通常称为逆变器,其作用是将蓄电池的直流电转换为频率、电压均可调节的交流电,也能进行双向能量转换,用于交流电机驱动系统。

机械传动装置是将电机的转矩传给汽车传动轴或直接传给车轮(轮毂电机)。相对于传动内燃机汽车,电动汽车的机械传动装置大大简化,故其机械效率得以提高。

电源系统包括蓄电池组、充电器和能量管理系统。电源是制约电动汽车发展的主要因素,其应具有高的比能量(即能量密度)和比功率(即功率密度),以满足汽车的续驶里程和动力性的要求。

辅助系统包括辅助动力源、动力转向系统、导航、照明、刮水器、收音机和音响等,它们是汽车操纵性和乘坐舒适性的保证。

(二)电动汽车运行原理

如图 1-1 中所示,细实线表示控制信号连接,粗实线表示能量连接,双线表示机械连接。来自制动踏板或加速踏板的控制信号输入电子控制器,并通过控制功率转换器调节驱动电机输出转矩和转速,电机转矩再通过机械传动装置驱动车轮转动。充电器通过外部充电接口向蓄电池充电,车辆行驶时,蓄电池经功率转换器向驱动电机供电。汽车制动时,驱动电机运行在发电状态,将汽车部分动能吸收,并重新转化为电能给蓄电池供电,从而延长汽车的续驶里程。

(三)驱动形式简介

电动汽车的结构布置比较灵活,形式多样,大体可分为两类:电机中央驱动形式和电动轮驱动形式,其中电动轮驱动包括轮毂电机驱动。

1. 驱动形式

(1)第一种驱动形式。如图 1-2 所示,为一种典型的电机中央驱动形式。此种驱动形式是参考了传统内燃机汽车的驱动形式,发动机以驱动电机代替,离合器、变速器和差速器则不变。

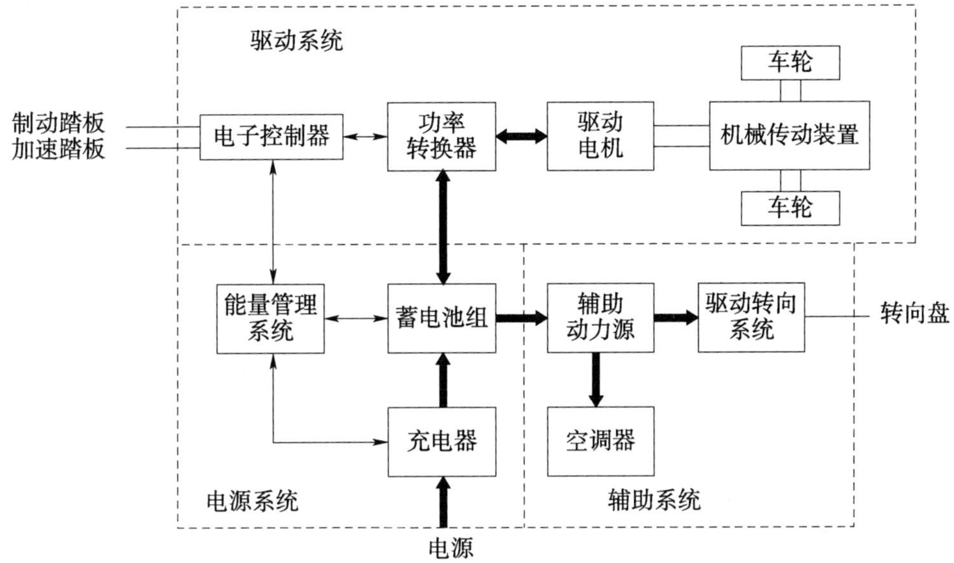

图 1-1　电动汽车系统组成框图

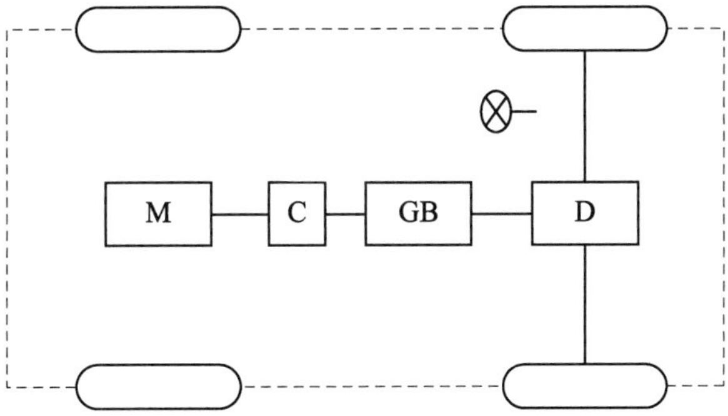

图 1-2　第一种中央驱动式电动汽车结构

D-差速器;GB-变速器;C-离合器;M-驱动电机

(2)第二种驱动形式。由于驱动电机能在较大的速度范围内提供相对恒定的功率,因此多速变速器可被一个固定速比减速器(即只有一挡,传动比恒定)代替,此时离合器也可省去,如图 1-3 所示。此种驱动形式可以节省机械传动系统的质量和体积,另外可以减少操作难度。

(3)第三种驱动形式。与第二种形式类似,只是驱动电机、固定速比减速器和差速器被整合为一体,布置在驱动轴上,如图 1-4 所示。此时,整个传动系统被大大简化和集成化,另外从再生制动的角度出发,这种驱动形式较容易实现汽车动能的回收再利用。

前面所列三种均为电机中央驱动形式,而后三种属于电动轮驱动形式。

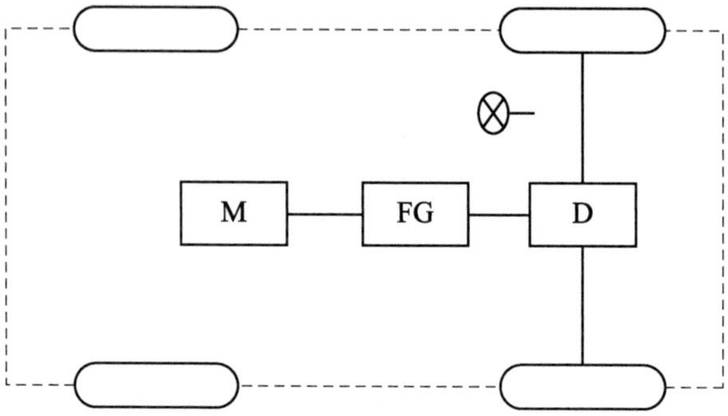

图 1-3　第二种中央驱动式电动汽车结构

D-差速器；FG-固定速比减速器；M-驱动电机

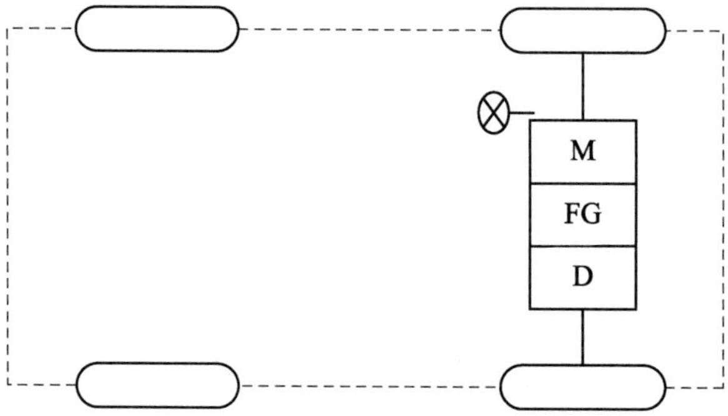

图 1-4　第三种中央驱动式电动汽车结构

M-驱动电机；FG-固定速比减速器；D-差速器

(4)第四种驱动形式。取消了差速器，取而代之的是两个独立的驱动电机，每个驱动电机单独完成一侧车轮的驱动任务，称为双电机电动轮驱动形式，如图 1-5所示。当车辆转弯时，两侧的电机就会分别工作在不同的速度下，不过这种驱动形式需要更加复杂的控制系统。

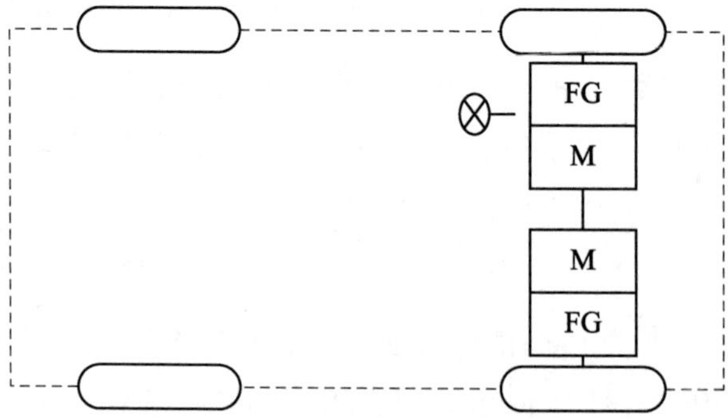

图 1-5　双电机电动轮驱动方式

FG-固定速比变速器；M-驱动电机

(5)第五种驱动形式。相较于第四种驱动形式,第五种进一步简化了驱动系统:驱动电机与车轮之间取消了传统的传动轴,变成电机直接驱动车轮前进,同时一个单排的行星齿轮机构充当固定速比变速器,用来减小转速和增强转矩,以满足不同工况的功率和转矩需求。此种驱动形式称为内转子式轮毂电机驱动形式,如图1-6所示。

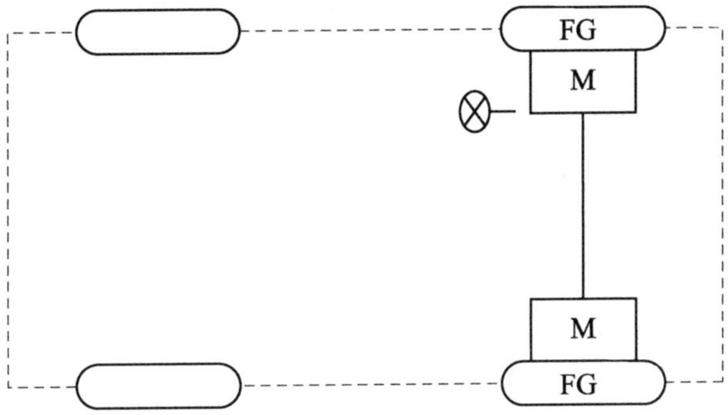

图1-6　内转子式轮毂电机驱动形式

FG-固定速比变速器;M-驱动电机

(6)第六种驱动形式。完全舍弃驱动电机和驱动轮之间的传动装置后,轮毂电机的外转子直接连接在驱动轮上,此时驱动电机转速控制与车轮转速控制融为一体,称为外转子式轮毂电机驱动形式,如图1-7所示。

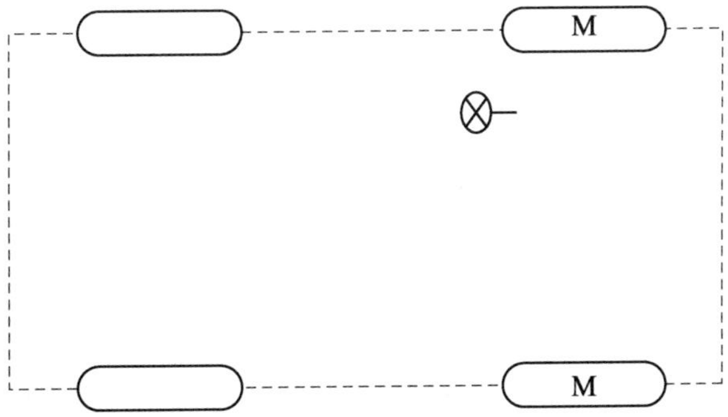

图1-7　外转子式轮毂电机驱动形式

M-驱动电机

2.轮毂电机简介

轮毂电机技术又被称为车轮内装电机技术,其最大特点就是将动力装置、传动装置和制动装置一并整合到轮毂内。且分为两种,即前面所述的内转子式轮毂电机和外转子式轮毂电机,如图1-8所示为内外转子轮毂电机结构比较图。

相较于其他驱动形式,轮毂电机驱动型电动汽车有着极其显著的优点,是电动汽车的前沿技术,潜力无穷。

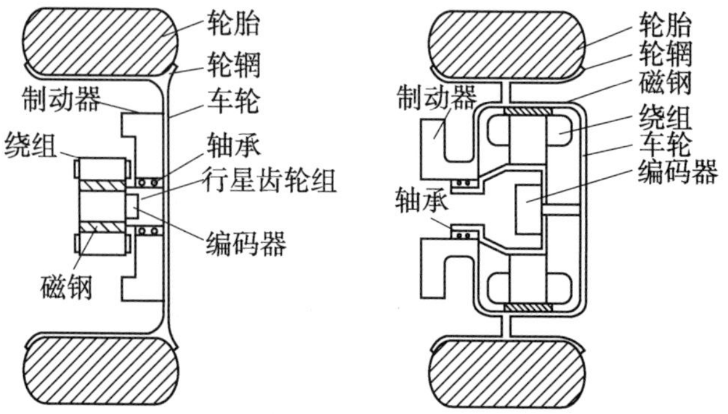

a)内转子式轮毂电机　　b)外转子式轮毂电机

图 1-8　内外转子轮毂电机结构比较图

(1)极大地简化了机械传动机构,不仅去掉了发动机、冷却水系统、排气消声系统和油箱等相应的辅助装置,还省去了变速器、万向传动部件及驱动桥,降低自重并有效地提高传动效率,实现节能和降噪。

(2)腾出了许多有效空间,有利于汽车结构布局。

(3)由于电机直接驱动车轮,缩短了传动链,所以大大提高了对车轮控制的动态响应,可实现车的一些高性能控制功能,如横向移动、原地旋转等。

(4)有利于再生制动。

(5)可实现多种驱动方式。因为轮毂电机具有一个明显的单轮独立驱动的特性,无论是前驱、后驱、四驱或多驱,都可以较轻松地实现。尤其是全时四驱在轮毂电机驱动的车辆,实现起来非常容易。另外,轮毂电机可以通过左右轮不同转速或转向,实现差动转向,大大减小车辆转弯半径。

目前这一技术在较大的矿山运输车上得到应用,而在较小型的乘用车领域,轮毂电机普及尚需时日。日本在此方面研发时间较长,技术处于领先地位。目前,米其林公司最新研发的轮毂电机能够把电机和电子主动悬架都整合到车轮内,其结构如图 1-9 所示。

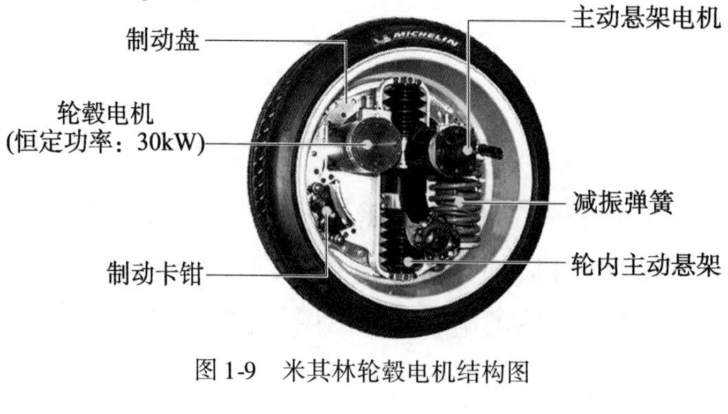

图 1-9　米其林轮毂电机结构图

国内也有自主品牌汽车厂商涉足了轮毂电机技术领域，如奇瑞汽车公司。在2011年上海车展上，该公司展出了麒麟X1增程式电动汽车，这款车就采用了轮毂电机技术，如图1-10所示。

图1-10　奇瑞麒麟X1外观图

二、任务实施

（一）认识纯电动汽车驱动系统

针对本实训室的纯电动汽车（或实训台架）驱动系统，每个小组做出一份认识驱动系统组成及结构的实训计划。

（1）小组人员安排：

（2）实训设备使用安全注意事项：

（3）所认识的纯电动汽车驱动系统的信息记录（如车型、驱动系统类型、结构组成等）：

(二)准备工作

认识纯电动汽车驱动系统需要准备的具体材料见表1-1。

准备材料表 表1-1

序　号	类　别	名　称	数　量
1	学材、教材	新能源汽车底盘检修学材、工作页	1
2	实训设备	纯电动汽车驱动系统台架	2
3	实训设备	纯电动汽车，举升机	2
4	实训环境	新能源汽车一体化教学场地	1

(三)操作步骤

(1)通过观察电动汽车驱动系统台架查看主要组成。

①分6个学习小组。

②学习实训室安全守则。

③由组长带领观察电动汽车驱动系统台架。

④分享所观察驱动系统的类型及特点。

(2)检查电动汽车驱动系统，查看其工作过程。

①认识驱动系统的组成。

②学习驱动系统台架安全操作流程。

③由组长带领观察电动汽车驱动系统的传动路线。

④分享所观察驱动系统的传动路线。

三、任务测试(工作页)

(1)根据学习内容完成下列工作页。

①观察表1-2中图片，填写相应的驱动系统类型及其特点。

工　作　页 表1-2

序　号	图　片	类型、特点
1	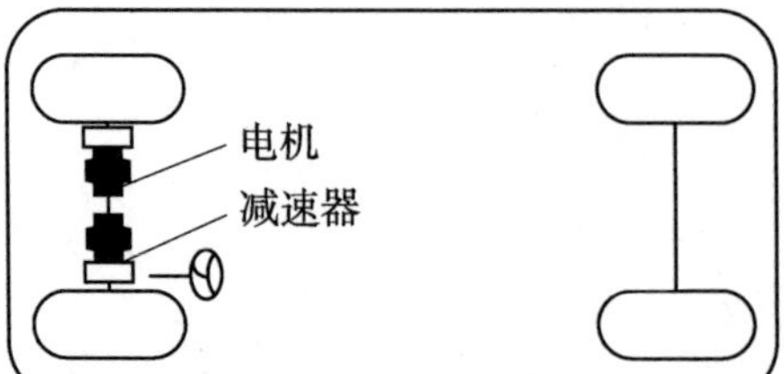	类型：______ 特点：______ ______ ______ ______

续上表

序　号	图　片	类型、特点
2	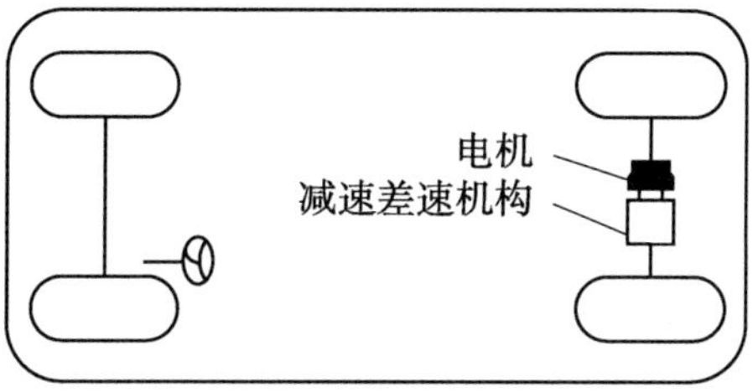	类型:______ 特点:______ ______ ______ ______
3	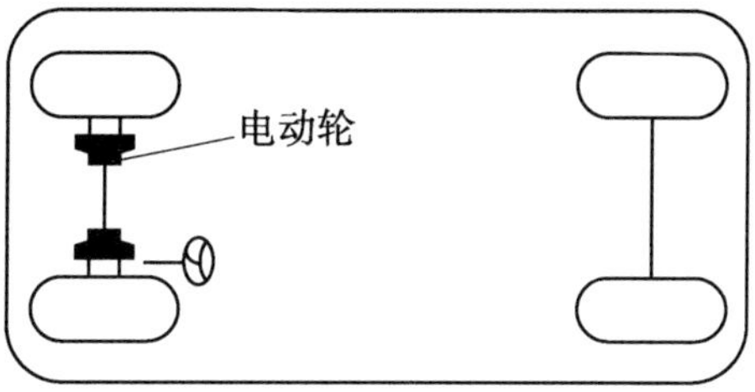	类型:______ 特点:______ ______ ______ ______
4	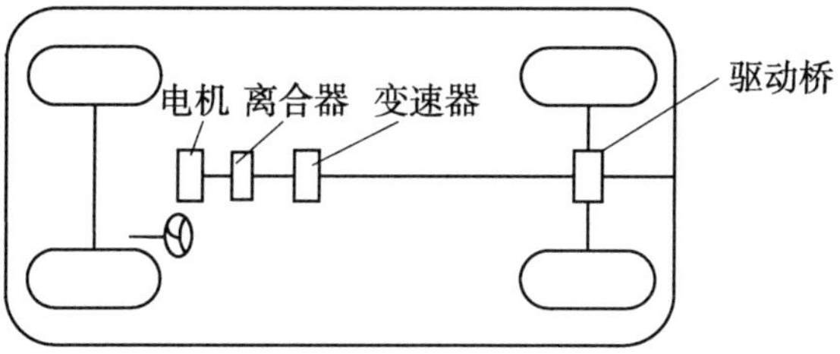	类型:______ 特点:______ ______ ______ ______
5	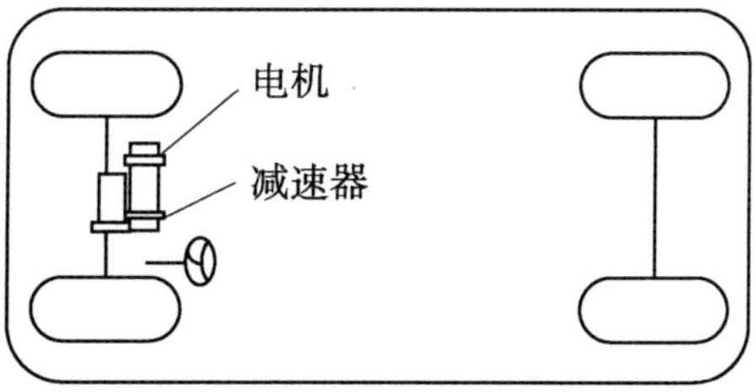	类型:______ 特点:______ ______ ______ ______
6	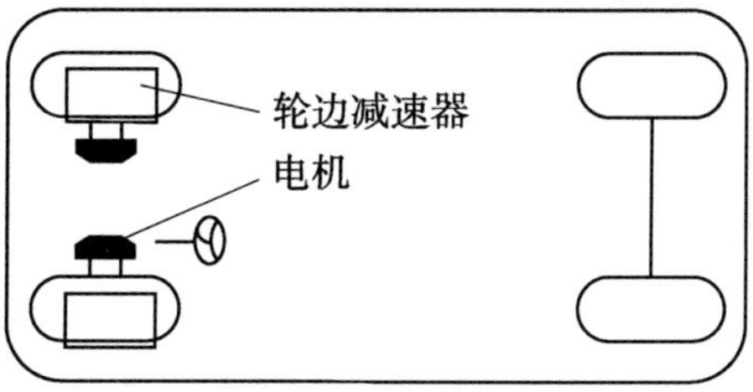	类型:______ 特点:______ ______ ______ ______

②纯电动汽车主要由哪几部分组成,其中的驱动系统有什么作用?

③列出3款以上纯电动汽车车型。你认为哪种驱动形式更适用于汽车?

(2)在表1-3中填写你所认识的纯电动汽车驱动系统的组成及相关资料。

纯电动汽车驱动系统组成表　　表1-3

总成名称	作　用	备　注

(3)请绘出所认识的纯电动汽车车型的驱动系统动力传递路线。

(4)对所认识的纯电动汽车车型的驱动系统进行外观检查,将检查结果填入表1-4中。

纯电动汽车驱动系统检查记录表　　表1-4

检查内容	检查状况记录	备　注
油封		
轴承		
支承		
传动工况		

学习任务2　检修纯电动汽车不传动故障

学习目标

(1)认识纯电动汽车挡位。

(2)认识纯电动汽车挡位控制原理。

(3)能够检测纯电动汽车变速控制系统的主要部件。

(4)能够排除纯电动汽车不传动故障。

建议课时

12 课时。

任务描述

一辆纯电动汽车出现如图 2-1 所示的故障,通过就车检查发现仪表盘上的挡位故障灯闪烁,而换挡控制面板不亮。请根据该车的故障制作出一份具体的检修方案,并修复故障。

图 2-1　纯电动汽车不传动故障接待对话

一、信息收集

(一)正确使用挡位

一般电动汽车上的挡位分别为:P(驻车挡)、R(倒车挡)、N(空挡)、D(前进挡),如图 2-2 所示。

图 2-2　根据路况合理使用挡位

1. P 挡(驻车挡)使用方法

当车辆需要长时间停车,特别是在坡道上停车,需要换成 P 挡,此时车轮处于机械抱死状态,能保证车辆在静止状态下无法移动。要注意的是,应该在车辆挂空挡,拉上驻车制动操纵杆熄火后,再挂入 P 挡,然后拔下钥匙。在车辆行驶过程中千万不可挂入 P 挡,否则会对车辆造成极大损伤。

2. R 挡(倒车挡)使用方法

在换成 R 挡时,有的车辆需要按下变速挡上面的保险按钮装置才可将变速杆挂入 R 挡。要特别注意的是,在汽车移动时不能换入 R 挡,必须要在车辆完全停止时才可以挂入 R 挡。

3. N 挡(空挡)使用方法

N 挡可在车辆刚起动或拖车时使用,还可以在等待信号灯或堵车、短暂停车时使用,在挂入 N 挡的同时要拉紧驻车制动操纵杆,在坡道短暂停车时为防止溜车还要踩着制动,但在下坡时禁止使用 N 挡滑行。

4. D 挡(前进挡)使用方法

准备起步行驶时,踩下制动踏板后,要将挡杆挂入 D 挡位,然后松驻车制动操纵杆,松制动踏板踩加速踏板起步,根据自己的车速需求继续踩加速踏板就行了,这时汽车会根据车速自动换挡。正常平路行驶时就不用驾驶人再去换其他挡位了。

5. 旋钮式换挡

北汽新能源 EV200 采用了新型换挡系统的旋钮式电子换挡机构,如图 2-3、图 2-4 所示,时尚美观、操作方便,同时具备能量回收可调模式。

图 2-3　旋钮式电子换挡与传统换挡杆对比图

图 2-4　北汽 EV200 配置的旋钮式电子换挡机构

北汽新能源汽车 EV200 在起动车辆后,可以采用旋转方式在 R(倒车挡),N(空挡),D(前进挡),E 挡位之间切换。该车独有的 E 挡是能量回收可调模式,可以根据用户不同感受改善能量回收及制动性能,以延长续驶里程。实地测验中,妥善使用能量回收系统,能增加 5% ~15% 的续驶里程。驾驶人可以根据自己的驾驶习惯对应电制动的强度关系:E3 挡 > E2 挡 > E1 挡 > D 挡。驾驶人倾向于松开加速踏板后,车辆迅速减速可选择 E3 挡;驾驶人倾向于松开加速踏板后,车辆能滑行很长距离,建议选择 D 挡。但经常需要使用制动的山路、坡道及车辆载荷较大时,建议使用 E 挡,能增加电制动强度,提升制动性能。从汽车续驶里程上考虑,建议选择 E 挡行车,E 挡在综合工况的里程延长率分别为:E1 挡 9%,E2 挡 11%,E3 挡 13%。选 E 挡有利于延长续驶里程,制动能量回收 E3 最强,车辆电制动减速最快,依次递减。

(二)检查仪表各警报指示灯的工作状态

北汽 EV200 汽车的组合仪表如图 2-5 所示,图中序号含义见表 2-1。

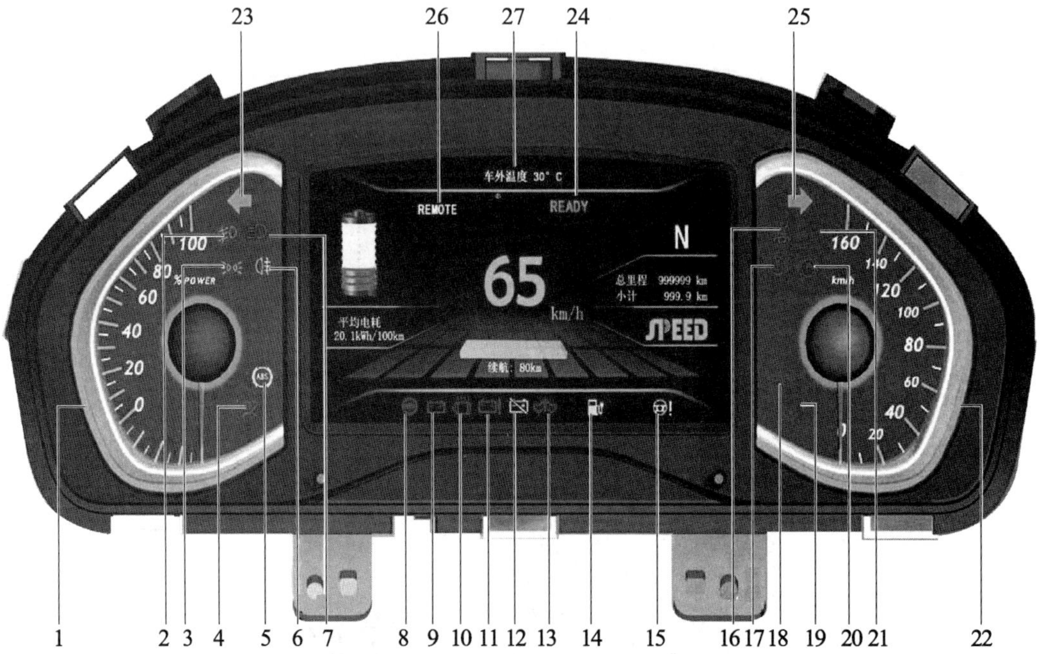

图 2-5　北汽 EV200 的组合仪表

北汽 EV200 组合仪表组成　　表 2-1

序号	名　称	序号	名　称	序号	名　称
1	驱动电机功率表	10	电机及控制器过热指示灯	19	充电线连接指示灯
2	前雾灯	11	动力电池故障指示灯	20	驻车制动指示灯
3	示廓灯	12	动力电池断开指示灯	21	门开指示灯
4	安全气囊指示灯	13	系统故障灯	22	车速表
5	ABS 指示灯	14	充电提醒灯	23/25	左/右转向指示灯
6	后雾灯	15	EPS 故障指示灯	24	READY 指示灯
7	前照灯	16	安全带未系指示灯	26	REMOTE 指示灯
8	跛行指示灯	17	制动故障指示灯	27	室外温度提示
9	蓄电池故障指示灯	18	防盗指示灯		

检查组合仪表故障警告灯(表 2-2)的状态。

车辆不能行驶的主要故障警告灯　　表 2-2

序号	名称	显示位置	符　号	颜色	显示文字	点亮条件
1	充电提示灯	显示屏		黄色	请尽快进行充电	充电提醒:电量小于 30% 时指示灯点亮;在电量低于 5% 时提示“请尽快充电”
2	系统故障灯	显示屏		红色		仪表与整车失去通信时,指示灯持续闪烁
			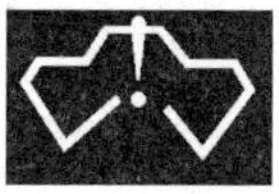	黄色		车辆出现二级故障时,指示灯持续点亮
3	READY 指示灯	显示屏		绿色		车辆准备就绪时
4	跛行指示灯	显示屏		红色	车辆进入跛行状态	加速踏板故障时
5	挡位故障灯			—		挡位故障触发后,当前挡位持续闪烁

(三)利用故障诊断仪诊断故障

1. 汽车故障诊断仪(解码器)的功用

汽车故障诊断仪俗称解码器,它的功能包括基本检测功能和特殊测试功能两部分。基本检测功能包括读取故障码和清除故障码。特殊测试功能包括动态数据流测试、执行器测试、功能设置、快速学习(自适应)数据记录和动态波形显示等。

(1)读取故障码。可将存储在车用电脑中的故障码和含义显示在屏幕上,以便阅读。

(2)清除故障码。利用解码器,通过简单操作即可清除存储在车用电脑上的故障码。

(3)数据流测试。利用解码器可对传感器和执行器的动态参数进行实时监测。

(4)动作元件测试。利用解码器可通过车用电脑向执行元件发出指令,并执行相应动作。

(5)系统匹配。利用解码器可对汽车电子控制系统进行基本调整和设置。

(6)电脑编码。解码器具有万用表、示波器、汽车维修资料库、打印输出和网络升级等功能。解码器的功能随测试软件的版本而异,也随被测车系和年款不同而不同。有的能检测几个系统,有的能检测一个系统。

2. 连接故障诊断仪

北汽纯电动汽车故障诊断仪(VCX)如图 2-6 所示,车辆诊断接头位置如图 2-7所示。

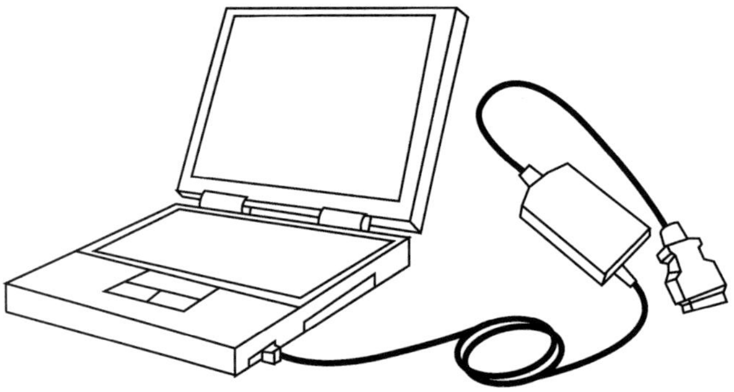

图 2-6　北汽纯电动汽车故障诊断仪(VCX)

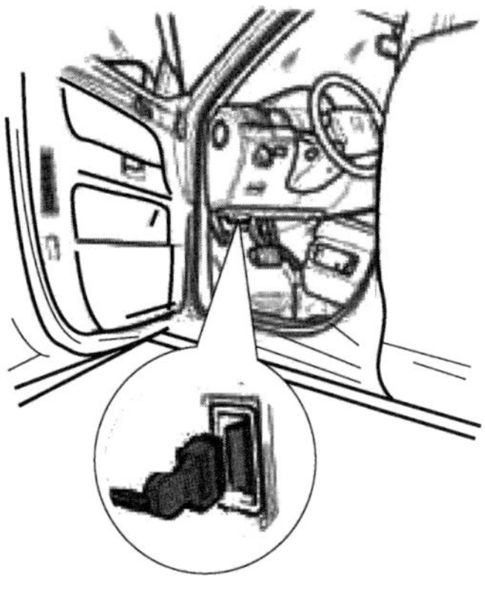

图 2-7　诊断接头位置

注意:只能使用选定的车辆故障诊断仪相匹配的诊断线。汽车行驶过程中仅允许由乘员来操作这些设备。

操作步骤说明:

(1)将诊断线插到诊断接口上;

(2)将车钥匙置于 ON 挡;

(3)开启车辆诊断测试仪;

(4)按照屏幕上的显示进行操作,以启动所需功能。

注意:进行试车时,必须把检查和测量装置安放在后排座椅上。试车期间,只允许一个乘员操作仪器。

(四)相关部件检测

1. 换挡控制模块

挡位控制模块心系驾驶人的驾驶安全,能正确理解驾驶人意图,能识别车辆的合理挡位,能在出现故障时做出相应处理保证整车安全,在驾驶人出现挡位误操作时通过仪表等提示驾驶人,使驾驶人能迅速做出纠正。换挡机构在整车控制系统中的连接如图 2-8 所示。

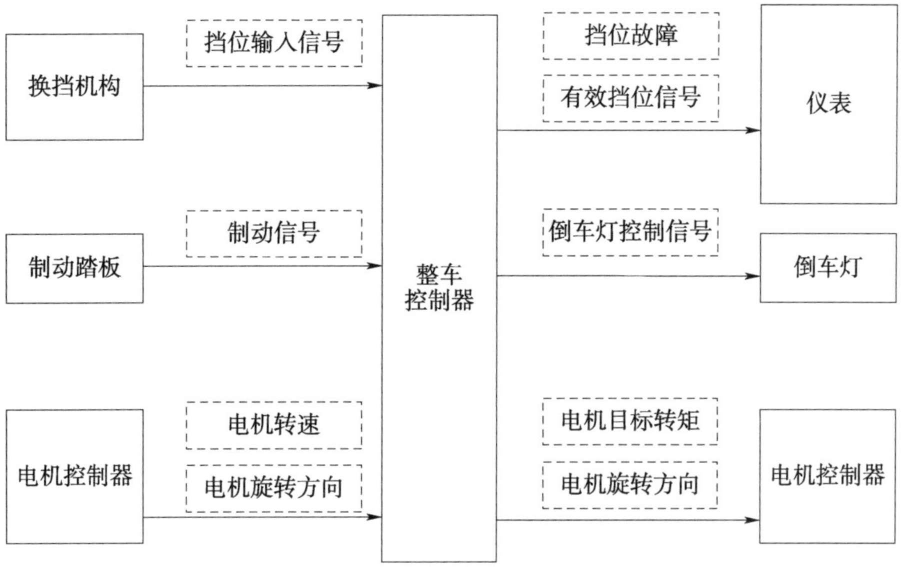

图 2-8　换挡机构在系统中的连接关系图

2. 换挡机构

换挡机构组成主要包括操作旋钮、面板、换挡执行机构和底板等，如图 2-9 所示。

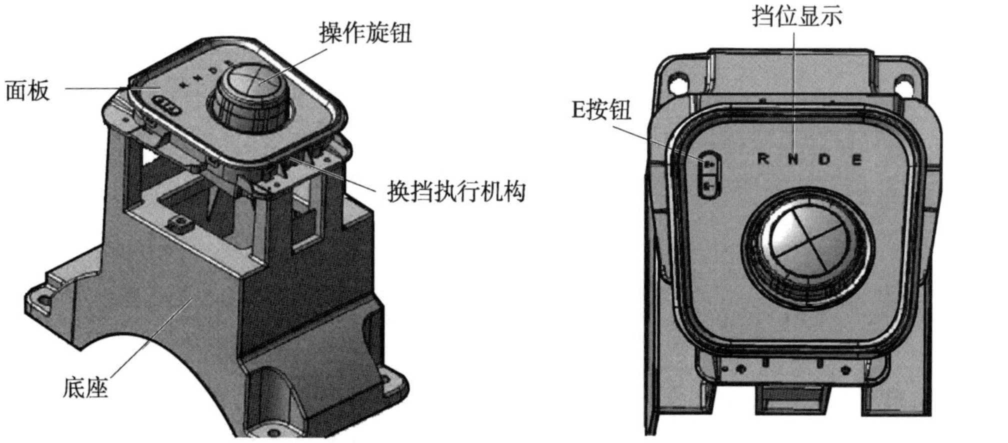

图 2-9　换挡机构组成及控制面板

3. 显示面板

挡位显示面板安装在中控台上，主要有以下功能：

(1)挡位指示，使用半透明 PC 材料。表面喷涂钢琴漆。

(2)在控制器不工作时无挡位显示。整个面不透明(钢琴漆面)。

(3)当控制器工作后指示灯部位显示出来。当前挡位为冰蓝色，未选中为白色。

4. 旋转挡位操作角度

位置换挡器的 R—N—D—E 挡操作角度为 35°(图 2-10),通过旋钮轨道来实现。换挡操作旋钮在正常状态下工作时,应可以在 4 个挡位间进行切换,同时仪表面板上显示相对应的挡位字母。

电子换挡器各接脚位置及代号如图 2-11 所示,接脚定义见表 2-3。芯线接插件型号:174973-2,与线束接插件型号:174045-2。

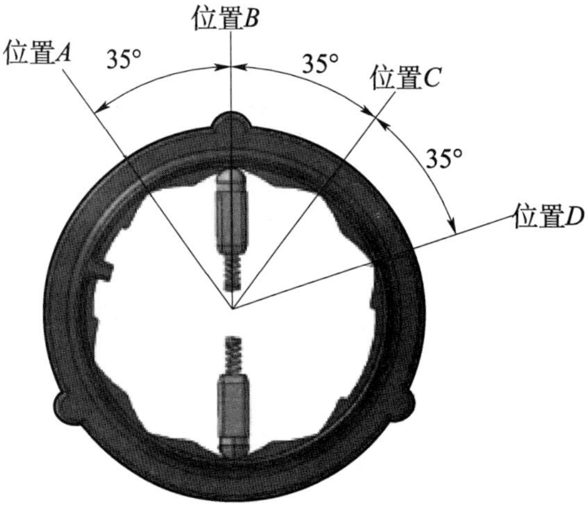

图 2-10 旋转挡位操作角度

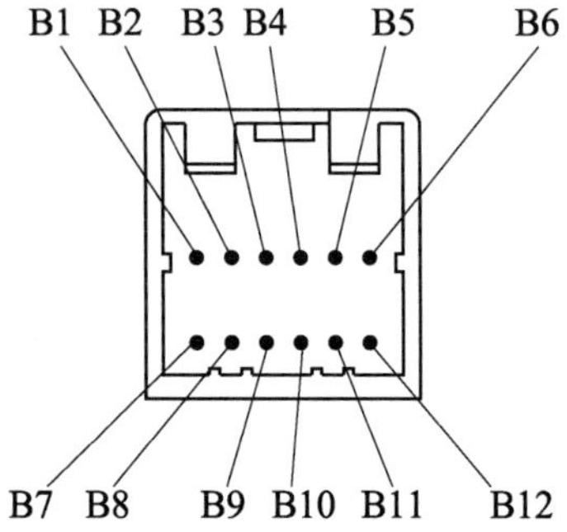

图 2-11 电子换挡器接脚示意图

电子换挡器接脚定义及相关参数 表 2-3

序号	功能定义	电压(V)			电流(mA)
		最小值	正常值	最大值	
B1	电源供电	6.50	12.00	19.00	500.00
B2	相位信号 1	—	4.45/0.28	—	1.00
B3	相位信号 2	—	4.45/0.28	—	1.00
B4	相位信号 3	—	4.45/0.28	—	1.00
B5	相位信号 4	—	4.45/0.28	—	1.00
B6	电源地端	—	—	—	500.00
B7	背光灯电源	0.00	12.00	—	50.00
B8	备用	—	—	—	—
B9	背光灯地端	—	—	—	50.00
B10	转向盘换挡拨片接插件脚 1(未采用)	—	—	—	—
B11	转向盘换挡拨片接插件脚 2(未采用)	—	—	—	—
B12	备用	—	—	—	—

5.检测方法

故障现象:换挡操作旋钮在 R\N\D\E 四个挡位之间进行切换时,仪表面板上无法显示对应的挡位。

修复方法:拆下副仪表板,在车辆上电正常工作状态下,用万用表分别测量接插件上引脚的电压,并与接口定义进行对照。若与接口定义相符,则可以判断出操作旋钮没有故障,应检查其他电器元件或线束。若与接口定义不相符,则可以判断出是操作旋钮出现故障,应将操作旋钮拆下,送回厂家进行返修,或用新零件进行更换。

二、任务实施

(一)准备工作

在进行检修任务前,应进行相关的准备工作,需要准备的具体材料见表2-4。

任务实施准备材料表 表2-4

序号	类别	名称	数量
1	学材、教材	新能源汽车底盘检修学材、工作页	1
2	实训设备	纯电动汽车驱动系统台架	2
3		汽车故障诊断仪	2
4		纯电动汽车,举升机	2
5		车用万用表	6
6	实训环境	新能源汽车一体化教学场地	1

(二)操作步骤

(1)检查纯电动汽车的挡位使用和仪表的情况;

(2)利用汽车故障诊断仪检测纯电动汽车的故障码;

(3)修复或更换相关配件,完成故障排除。

三、任务测试(工作页)

(1)说明下列变速器各挡位的作用与特点。

P挡:________________________________

R倒车挡:________________________________

N空挡:________________________________

D前进挡:________________________________

E 挡：____

(2)北汽 EV200 纯电动汽车没有设置 P 挡，对驻车是否有影响？

(3)E 挡能量回收模式是采用什么原理完成能量回收的？

(4)仪表中的挡位故障警告灯符号是怎样的，其连续闪烁说明出现了什么情况？

(5)当挡位控制器工作后指示灯部位显示出来。当前挡位为________色，未选中为________色。

(6)汽车故障诊断仪有哪些功能？

(7)造成纯电动汽车挂挡不能行驶的主要原因有哪些？

(8)在表2-5中填写你所检查纯电动汽车的挡位情况,仪表情况。

挡位检查项目表　　表2-5

所检查位置	状　况	备　注

(9)列出汽车故障诊断仪检测出的故障码并查找该故障的修复方法。

(10)对纯电动汽车的挡位控制器进行检测,测量的相关数据填写在表2-6中。

挡位控制器测量数据表　　表2-6

序　号	功能定义	电压(V)			电流(mA)
		最小值	正常值	最大值	
B1	电源供电			19.00	500.00
B2	相位信号1				1.00
B3	相位信号2				1.00
B4	相位信号3				1.00
B5	相位信号4				1.00
B6	电源地端				500.00
B7	背光灯电源				50.00
B8	备用				
B9	背光灯地端				50.00
B10	转向盘换挡拨片接插件脚1(未采用)				
B11	转向盘换挡拨片接插件脚2(未采用)				
B12	备用				

学习任务3 检修纯电动汽车减速器异响故障

学习目标

(1)认识纯电动汽车减速器。

(2)认识电动汽车减速器的工作原理。

(3)能够检修纯电动汽车减速器的主要部件。

(4)能够检修减速器异响故障。

建议课时

12 课时。

任务描述

一辆北汽 EV200 纯电动汽车,行驶总里程 2.3 万 km,出现了减速器异响故障,用诊断仪未检测到故障码。该车进入北汽 4S 店进行检修,接车员对车辆进行初步检查,如图 3-1 所示。作为汽车维修工,请你根据该车的故障做一份具体的检修方案,完成该故障的修复。

图 3-1 接车员进行接车检查

一、信息收集

（一）减速器概述

北汽 EV200 纯电动汽车搭载的减速器总成型号为 EF126B02（图 3-2），由中国长安汽车集团股份有限公司重庆青山变速器分公司生产，主要功能是将驱动电机传递过来的转速降低、转矩升高。

1. 减速器的结构及性能参数

EF126B02 减速器是一款前置前驱减速器，采用左右分箱、两级传动结构设计。具有体积小、结构紧凑的特点，采用前进挡和倒车挡共用结构进行设计，倒车挡通过电机反转实现。该减速器性能参数如表 3-1 所示。

图 3-2　EF126B02 减速器总成

减速器性能参数表　　表 3-1

技术指标	技术参数	备注
最高输入转速（r/min）	9000	
转矩容量（N·m）	≤260	
驱动方式	前驱	
减速比	7.793	
驻车功能	无	
质量（kg）	23	不含润滑油
润滑油规格	GL—475W—90 合成油	推荐嘉实多 BOT130（美孚 1 号 LS）
设计寿命	10 年/30 万 km	

2. 减速器编号标记

减速器编号：供应商代码（A023P00391）+ 年（字母）+ 月（两位数字）+ 日（两位数字）+ 流水号（五位数字）+ 平台代码（D）+ 减速器总成代码（E00011819）。年份代码含义如表 3-2 所示。减速器的编号一般打印在壳体上，如图 3-3 所示的 A023P00391 D0603 00003 G E00008211。

条形码年份识别表　　表 3-2

年份	2008	2009	2010	2011	2012	2013	2014	2015	2016	2017	2018	2019	2020	2021
代码	8	9	A	B	C	D	E	F	G	H	J	K	L	M

图 3-3 减速器的编号

3. 工作原理

减速器动力传动机械部分是依靠两级齿轮副来实现减速增扭。其按功用和位置分为五大组件：右箱体、左箱体、输入轴组件、中间轴组件、差速器组件，如图 3-4所示。动力传递路线：驱动电机→输入轴→输入轴齿轮→中间轴齿轮→中间轴轴齿轮→差速器半轴齿轮→左右半轴→左右车轮。

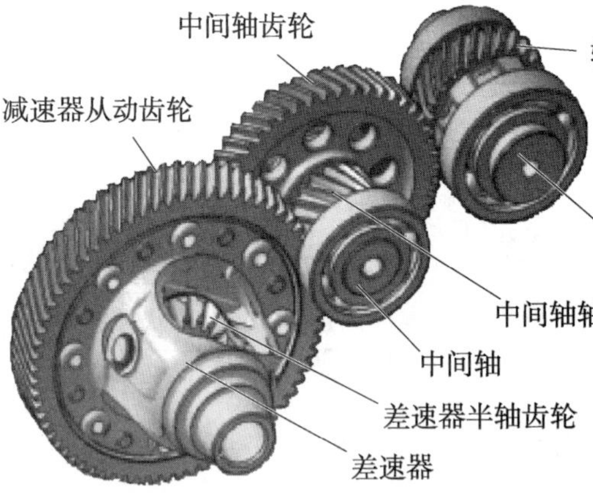

图 3-4 减速器动力传动机械部分结构

（二）减速器的维护

1. 减速器维护周期

减速器磨合后，建议 3000km 或 3 个月更换润滑油，以后进行定期维护。其维护应在整车特约维修点进行。建议维护周期如表 3-3 所示。

减速器维护周期表　　表 3-3

里程(km)	1 万	2 万	3 万	4 万	5 万	6 万	7 万	8 万
月数(个)	6	12	18	24	30	36	42	48
方法	B	H	B	H	B	H	B	H

注:B——在维护检查必要时更换润滑油;H——更换润滑油。

2. 维护注意事项

(1)维护周期应以里程表读数或月数判断,以先达到者为准。表 3-3 按8 万 km 以内的定期维护,超过 8 万 km 按相同周期进行维护。

(2)适用于各种工况行驶(重复的短途行驶;在不平整或泥泞的道路上行驶;在多尘路上行驶,在极寒冷季节或盐碱路上行驶;极寒冷季节的重复短途行驶)。

(3)如不因换油而是因为其他维修作业,举升车辆时,应同时检查减速器是否漏油。

(4)根据汽车驾驶性能及供应商要求,汽车将在维护时进行软件更新。

(5)要求润滑油型号为 GL-475W-90 合成油,持续许用温度≥140℃,油量为 0.9 ~1.1L。

3. 整车状态下的维护

(1)维护时,润滑油的检查方法如下:

①确认车辆是否处于水平状态,以检查油位。

②检查减速器是否有漏油痕迹,如有,应分析漏油原因,修理漏油部位。

③拆下油位螺塞(图 3-5),检查油位。如润滑油与油位螺塞孔齐平,则说明油位正常。否则,应补加规定润滑油,直到油位螺塞孔口出油为止。

(2)维护时,润滑油的更换方法如下:

①在换油前,必须停车断电,水平提升车辆。

②在升起车辆的状态下,检查油位以及是否漏油,如有漏油,应处理。

③拆下放油螺塞,排放废油(图 3-5)。

④放油螺塞涂布少量密封胶(乐泰 5699 平面密封硅橡胶),并按规定力矩(12 ~18N · m)拧紧。

⑤拆下油位螺塞、进油螺塞(图 3-5)。

⑥按规定型号加注润滑油,按规定油量(加注到油位孔)加注规定的新油。

⑦油位螺塞、进油螺塞涂布少量密封胶,并按规定力矩拧紧。

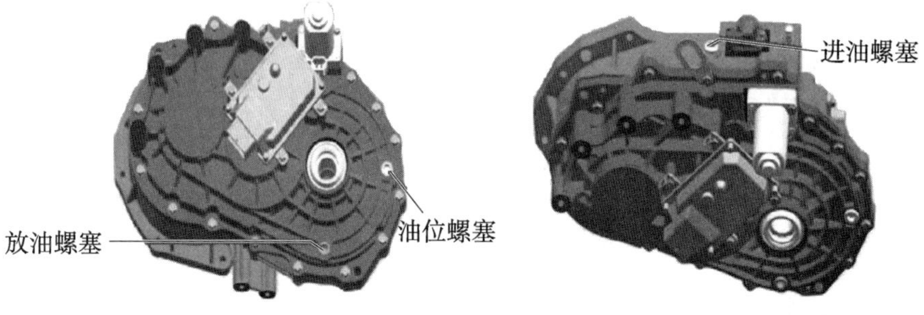

图 3-5　减速器维护相关螺塞位置图

(三)减速器在车上的装配

1. 减速器与驱动电机的装配连接

减速器与驱动电机连接方式:减速器端匹配 5 个 ϕ9 通孔,3 个带钢套的 M8 ×1.25 螺纹孔。使用 8 个 M8 ×1.25 ×35 的 10.9 级六角凸缘面螺栓连接,如图 3-6 所示。拧紧力矩为 40 ±5N · m。减速器与驱动电机定位方式为一面、内止口和一个定位销。

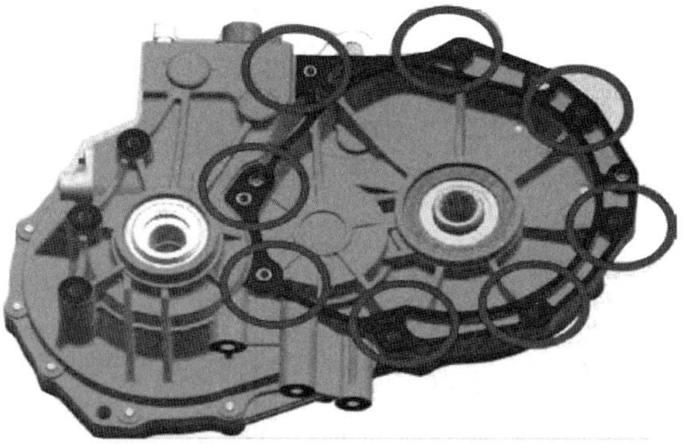

图 3-6　减速器与驱动电机装配的 8 个六角凸缘面用螺栓连接

2. 减速器与悬置支架的装配连接

减速器采用 3 个左悬置点,如图 3-7a)所示;3 个后悬置点,如图 3-7b)所示。悬置点螺纹孔为 M10 ×1.25 和 M12 ×1.25。左悬置使用 3 个 M10 ×1.25 ×40 的 10.9 级六角法兰面螺栓,拧紧力矩为 75 ±5N · m;后悬置使用 2 个 M10 ×1.25 ×25 的 10.9 级六角法兰面螺栓,拧紧力矩为 75 ±5N · m,1 个 M12 ×1.25 ×65 的 10.9 级六角法兰面螺栓,拧紧力矩为 95 ±5N · m。

3. 减速器与半轴的装配连接

整车装配半轴时,需保证半轴中心平行于减速器差速器中心,防止半轴碰伤或损坏差速器油封,同时半轴上的卡圈应与减速器差速器半轴齿轮上的卡圈槽连接定位。

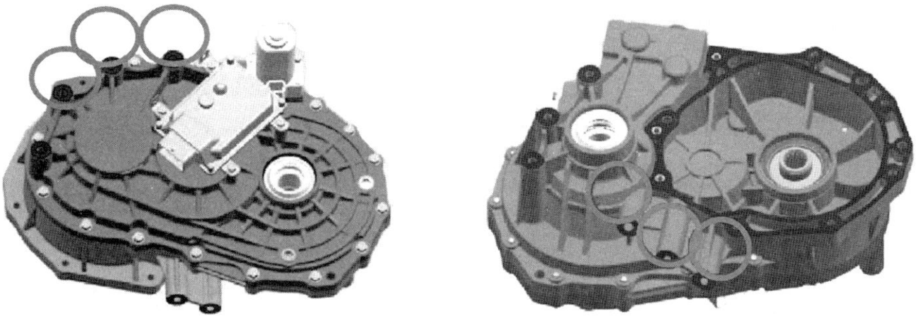

a)3个左悬置点　　　　b)3个后悬置点

图 3-7　减速器与悬置支架的装配位置图

(四)故障处理

1. 整车无动力输出故障

整车无动力输出时,检查减速器是否损坏,按下列操作执行:

第一步:检查整车驱动电机是否运转正常,若运转正常,则执行第二步检查,若提示驱动电机故障,则先检查驱动电机故障原因。

第二步:整车上电,挂入 N 挡,松开制动踏板,平地推车,检查车辆是否可以移动。或将整车放置到升降台上,转动车轮,检查是否能转动。若车辆可以移动或车轮可以转动,则执行第三步检查,若车辆不能移动或车轮不能转动,则执行第四步检查。

第三步:拆卸驱动电机与减速器连接,检查花键是否异常磨损,若减速器输入轴花键磨损,则需将减速器返厂维修。

第四步:若车辆不能移动或车轮不能转动,说明减速器内部轴系卡死,减速器需拆解维修。

2. 减速器产生噪声的故障

减速器产生异常噪声,主要原因如下:润滑油不足、轴承损坏或磨损、齿轮损坏或磨损、箱体磨损或破裂。处理措施按表 3-4 所示办法执行。

减速器噪声处理措施表　　表 3-4

故障分类	处理措施
润滑油不足	按规定型号和油量添加润滑油
轴承损坏或磨损	参考《维修手册》对减速器进行维修
齿轮损坏或磨损	参考《维修手册》对减速器进行维修

3. 减速器渗漏油故障

减速器产生渗漏油,主要原因如下:输入轴油封磨损或损坏、差速器油封磨损或损坏、油塞处漏油、箱体破裂、油量过多由通气塞冒出。处理措施按表3-5所示办法执行。

减速器渗漏油处理措施表　　表3-5

故障分类	处理措施
输入轴油封磨损或损坏	参考《维修手册》操作规范更换油封
差速器油封磨损或损坏	参考《维修手册》操作规范更换油封
油塞处漏油	对油塞涂胶,按规定力矩拧紧
箱体破裂	参考《维修手册》对减速器进行维修
油量过多由通气塞冒出	检查油位调整油量

二、任务实施

(一)准备工作

在进行减速器检修任务前,应进行相关的准备工作,需要准备的具体材料如表3-6所示。

准备材料表　　表3-6

序号	类别	名称	数量
1	学材、教材	新能源汽车底盘检修学材、工作页	1
2	实训设备	纯电动汽车驱动系统台架	2
3		纯电动汽车(北汽EV200),举升机	2
4	实训环境	新能源汽车一体化教学场地	1

(二)检查驱动系统

针对纯电动汽车减速器异响故障,分小组查看其故障原因并制订出一份具体的故障排除计划。

(1)小组人员安排:

(2)安全注意事项：

(3)主要检查的项目和检查的步骤：

(三)操作步骤

(1)通过就车检查电动汽车减速器,查找出造成异响故障的原因。

①预热汽车后,将车辆停入举升工位,驻车后挂入 N 挡。

②根据举升机的操作流程举升汽车。

③用低压照明灯检查减速器外观。

④用套筒及扭力扳手检查减速器的支撑情况。

⑤转动驱动轮,检查减速器轴承的工作情况。

⑥转动驱动轮,检查减速器齿轮的工作情况。

(2)查找到减速器异响的原因后参照车辆《维修手册》对故障进行修复。

三、任务测试(工作页)

(1)根据以上学习内容完成下列工作页：

①北汽 EV200 搭配型号为________的减速器。

②填写北汽 EV200 驱动桥的传动路线(图 3-8)。

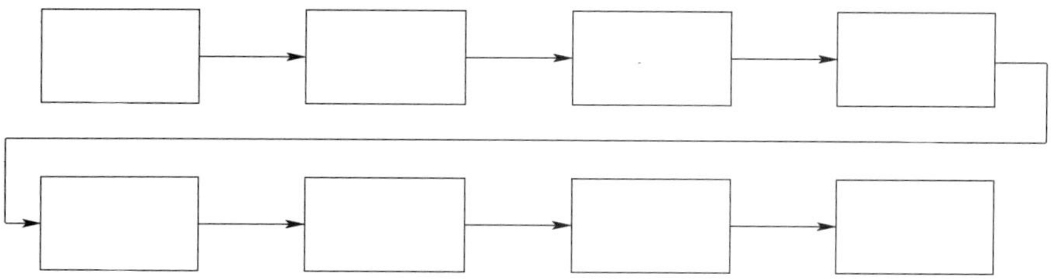

图 3-8　传动路线图

③北汽 EV200 减速器初期磨合换油里程是________，此后的维护换油周期是________。油量为________。

④在图 3-9 中填写对应螺栓的名称。

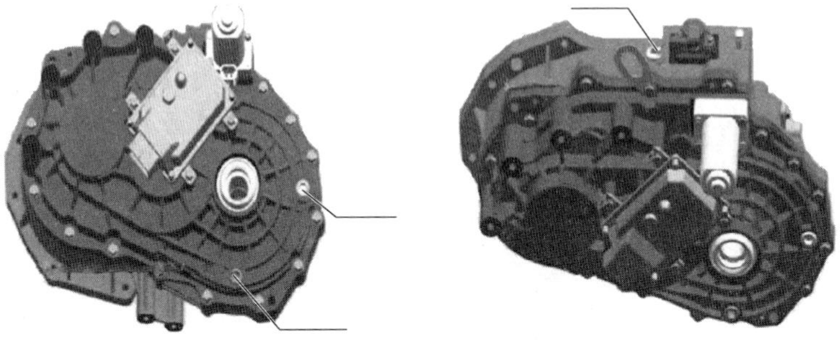

图 3-9　固定螺栓

⑤减速器与悬置支架的装配连接。

减速器采用________个左悬置点，________个后悬置点，悬置点螺纹孔尺寸为 M10×1.25 和 M12×1.25。左悬置使用 3 个 M10×1.25×40 的 10.9 级六角凸缘面螺栓，拧紧力矩为________；后悬置使用________个 M10×1.25×25 的 10.9 级六角凸缘面螺栓，拧紧力矩为________，1 个 M12×1.25×65 的 10.9 级六角凸缘面螺栓，拧紧力矩为________。

⑥汽车装配半轴时，需保证半轴中心平行于减速器差速器中心，防止半轴碰伤或损坏________，同时半轴上的卡圈应与减速器差速器半轴齿轮上的卡圈槽________。

⑦减速器产生异常噪声，主要原因有：________、________、齿轮________、________。

⑧减速器渗漏油，主要原因有：________、________、________、________、________。

⑨简述为什么纯电动汽车都需要配置减速器？

⑩减速器渗漏油应怎样诊断和维修？

(2)在表 3-7 中填写你所检查纯电动汽车减速器的情况。

纯电动汽车减速器检查记录表　　表 3-7

序　号	检查的项目	状　况	备　注
1			
2			
3			
4			
5			
6			

(3)简述减速器异响故障排除的过程。

项目二　混合动力汽车传动系统常见故障检修

学习任务4　认识混合动力汽车传动系统

学习目标

(1)认识混合动力汽车传动系统的类型与结构特征。

(2)描述混合动力汽车传动系统的工作原理。

建议课时

2 课时。

任务描述

小王在丰田4S店给自己的爱车雷凌做维护时,看到维修人员正在检查一辆雷凌汽车的传动系统,小王发现该雷凌汽车的传动系统与自己的爱车不同,经交流原来该车是雷凌混动版。小王便请教维修人员,想了解一下混合动力汽车的传动系统。

一、信息收集

(一)混合动力汽车传动系统的类型

混合动力汽车采用两种动力源作为动力装置,它的各个组成部件、布置方式及控制策略的不同,因而形成了各式各样的结构形式。根据混合动力驱动模式,混合动力系统主要分为串联式混合动力系统、并联式混合动力系统和混联式混合动力系统。

1. 串联式混合动力系统

串联式混合动力系统由发动机、发电机和电机三部分动力总成组成，它们之间用串联方式组成串联式混合动力汽车动力单元系统，发动机驱动发电机发电，电能通过控制器输送到电池或电机，由电机通过变速机构驱动汽车，如图 4-1 所示。

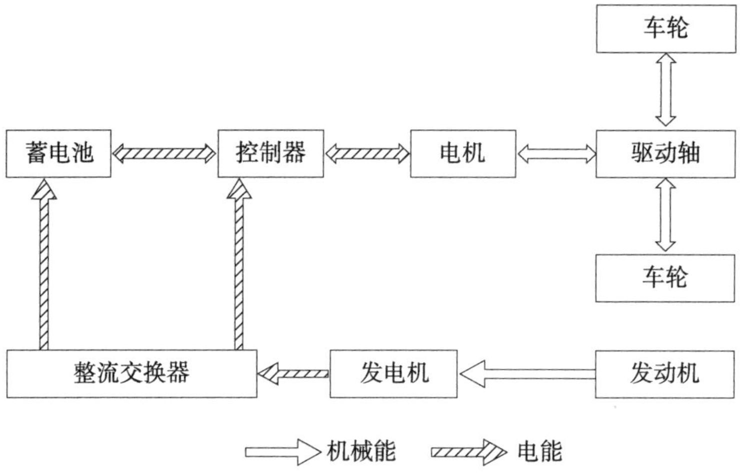

图 4-1　串联式混合动力汽车动力流程图

2. 并联式混合动力系统

并联式混合动力系统有两套驱动系统，即传统的发动机系统和电机驱动系统。两个系统既可以同时协调工作，也可以各自单独工作驱动汽车。这种系统适用于多种不同的行驶工况，尤其适用于复杂的路况。该布置方式结构简单，成本低，如图 4-2 所示。

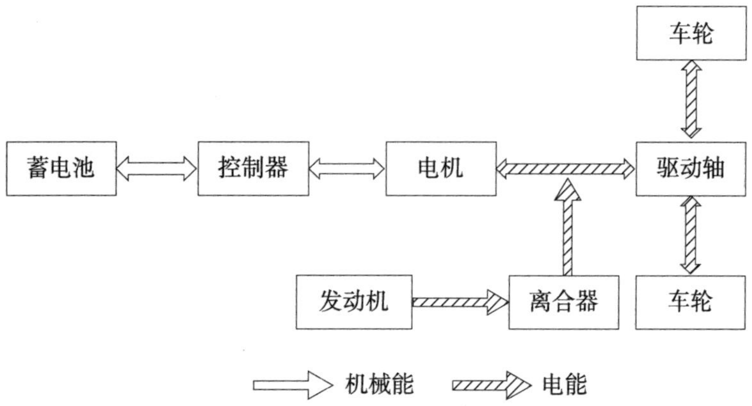

图 4-2　并联式混合动力汽车动力流程图

3. 混联式混合动力系统

混联式混合动力系统的特点在于发动机系统和电机驱动系统各有一套机械变速机构，两套机构或通过齿轮系，或采用行星轮式结构结合在一起，从而综合调节发动机与电机之间的转速关系。与并联式混合动力系统相比,混联式动力系统可以更加灵活地根据工况来调节发动机的功率输出和电机的运转。此布置方式系统复杂,成本高,如图 4-3 所示。

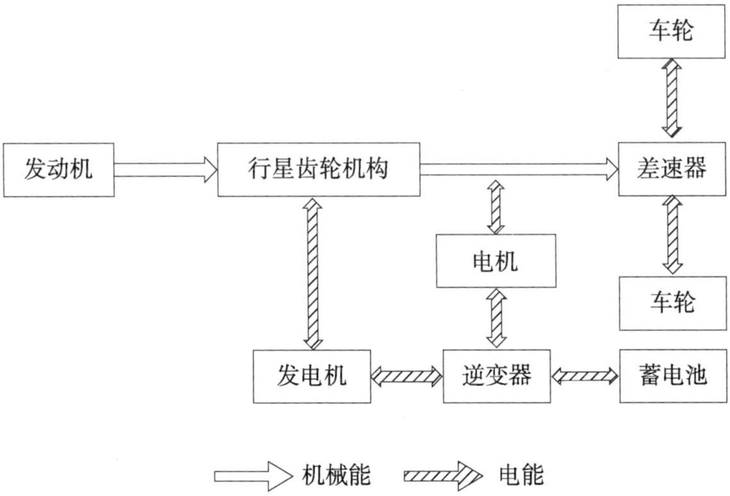

图 4-3　混联式混合动力汽车动力流程图

此外,根据在混合动力系统中电机的输出功率在整个系统输出功率中占的比重,也就是常说的混合度的不同,如图 4-4 所示。混合动力系统还可以分为以下五种类型。

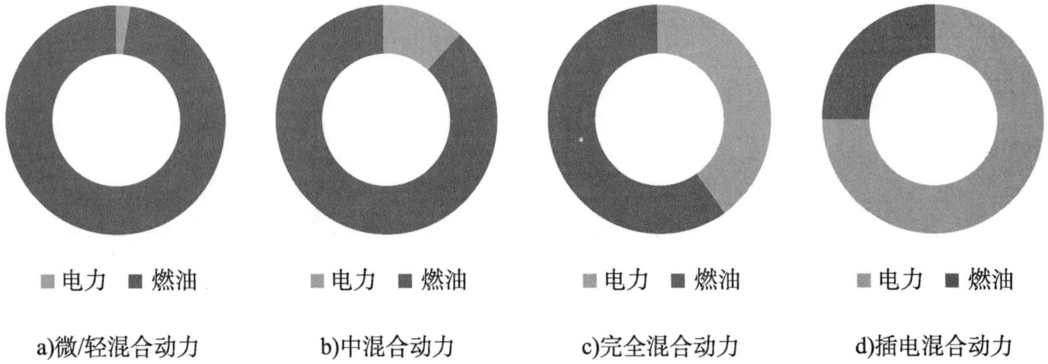

图 4-4　电力/燃油分配比例

(1)微混合动力系统(BSG 系统)。

微混合动力系统采用传动带驱动电机(Belt-alternator Starter Generator)取代了传统发动机的起动机(12V)。该电机为发电机起动机一体式,用来控制发动机的起动和停止,从而取消了发动机的怠速,降低了油耗和排放。从严格意义上来讲,这种微混合动力系统的汽车不属于真正的混合动力汽车,因为它的电机并没有为汽车行驶提供持续的动力。微混合型混合动力汽车是以发动机为主要动力源，没有纯电行驶模式的混合动力汽车。只有停车怠速停机（发动机起/停技术）的混合动力汽车才是一种典型的微混合动力模式。

（2）轻混合动力系统（ISG 系统）。

轻混合动力系统采用了电机—发电机一体化系统（Integrated Starter Generator）。与微混合动力系统相比，轻混合（弱混合）动力系统除了采用发电机控制发动机的起动和停止（发动机起/停技术）外，还能够实现：在减速和制动工况下，可以实现再生能量回收式制动；在行驶过程中，发动机等速运转，发动机产生的能量可以在车轮的驱动需求和发电机的充电需求之间进行调节。轻度混合型汽车是以发动机为主要动力源，电机作为辅助动力源，在车辆加速和爬坡时，电机可向车辆传动系统提供辅助转矩。一般情况下，电机的峰值功率和发动机的额定功率比为 5% ~15%。

（3）中混合动力系统。

中混合动力系统同样采用了 ISG 系统，但与轻混合动力系统不同的是它采用了高压电机。此外，中混合动力系统还增加了一个功能：在车辆处于加速或者高负荷状态下，电机能够辅助驱动车轮，补充发动机本身动力输出的不足，从而提高了整车的性能。目前技术已经成熟，应用比较广泛。代表车型有本田公司的混合动力版音赛特、雅阁和思域等。一般情况下，电机的峰值功率和发动机的额定功率比为 15% ~40%。

（4）完全混合动力系统。

完全混合，也称强混，是指可以只依靠发动机或只依靠电池或同时依靠发动机和电池的组合来驱动车轮的前进，结构上也可称为混联式系统。完全混合动力系统采用了 272 ~650V 的高压起动起动机，混合程度更高。与中混合动力系统相比，全混合动力系统的混合度可以达到 50% 以上。完全混合动力系统也逐渐成为混合动力技术的主要发展方向。完全混合动力系统一般通过电脑控制的传动装置切换传统发动机、电池或同时驱动车辆的时机。新一代丰田普锐斯就采用该系统，丰田称之为“双擎”技术。代表车型有雷克萨斯 CT200h、丰田卡罗拉—雷凌混动版等。一般情况下，电机的峰值功率和发动机的额定功率比 >40%。

上面种种形式的混合动力，在使用时是不需要充电的，而且发动机是主要动力源，电机主要是在车辆起动或制动能量回收时使用，俗称“油电”混动汽车。

（5）插电式混合动力系统。

插电式混合动力系统是一种将纯电动系统和现在混合动力系统结合的产

物。车辆带有外接插入式充电系统,因此可以单独利用电机行驶较长距离,将内燃机的工作比例进一步缩小,提供更好的节油比例,但会消耗一定电能。同时,还解决了目前纯电动汽车续驶里程短的问题。但随着电池技术的发展,插电混合动力系统仅仅是一种过渡方案。代表车型有比亚迪公司的秦、唐等。

以上五种不同的混合方式,都能在一定程度上降低油耗和排放。各大汽车厂商经过多年研发投入、试验总结和商业应用,形成了各具特色的混合动力传动系统布置方案。

(二)系统结构与功能

1. 传动桥结构(以丰田 P410 为例)

该传动桥应用于丰田卡罗拉 HV、雷凌 HV、普锐斯以及雷克萨斯 CT200h 等车型上。传动桥包括 2 号电动机/发电机(MG2)和 1 号电动机/发电机(MG1),采用带复合齿轮装置的无级变速器装置,实现了平稳操作。此传动桥主要包括 MG1、MG2、复合齿轮装置、变速器输入减振器总成、中间轴齿轮、减速齿轮、差速器齿轮机构和油泵。

此传动桥包括三轴结构:复合齿轮装置、变速器输入减振器总成、油泵、MG1 及 MG2 安装在输入轴上;中间轴从动齿轮和减速主动齿轮安装在第二轴上;减速从动齿轮和差速器齿轮安装在第三轴上。

发动机、MG1 和 MG2 通过复合齿轮装置连接,其内部结构如图 4-5 所示。

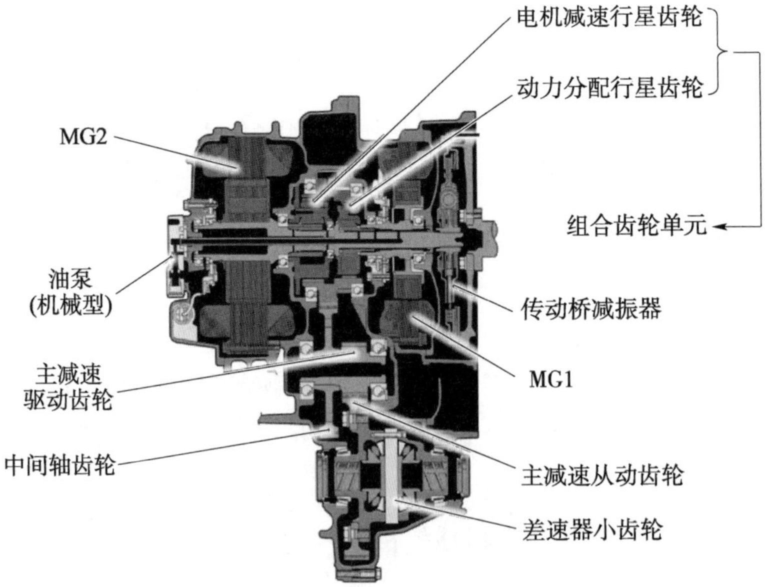

图 4-5　P10 传动桥内部结构示意

2. 复合齿轮装置结构

复合齿轮装置包括动力分配机构和电机减速行星齿轮机构,各行星齿圈与复合齿轮集成一体。另外,此复合齿轮还集成了中间轴主动齿轮和驻车挡齿轮。

动力分配行星齿轮机构将发动机的原动力分为两路:一路用来驱动车轮;另一路用来驱动 MG1。因此,MG1 可作为发电机使用。为了降低 MG2 的转速,采用电机减速行星齿轮机构,使高转速、大功率 MG2 最佳适合复合齿轮,如图 4-6 所示。

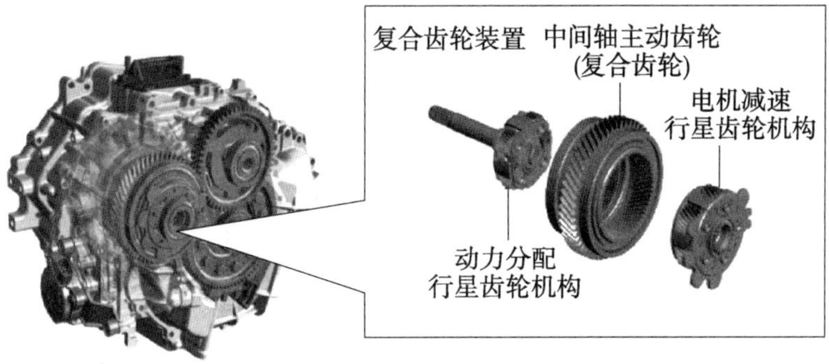

图 4-6　复合齿轮装置结构

太阳轮、齿圈和各行星齿轮机构的齿轮架的连接情况如图 4-7 所示,齿轮组连接见表 4-1。

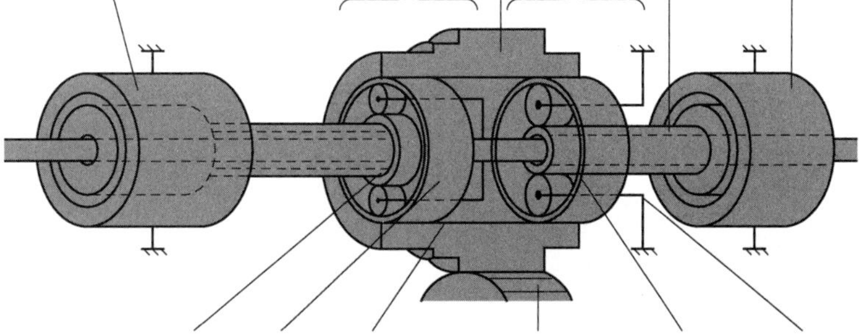

图 4-7　齿轮组连接

齿轮组连接情况　　表 4-1

项　　目		连　　接
动力分配行星齿轮机构	太阳齿轮	MG1
	齿圈	复合齿轮(至车轮)
	齿轮架	输入轴(自发动机)

续上表

项目		连接
电机减速齿轮机构	太阳齿轮	MG2
	齿圈	复合齿轮(至车轮)
	齿轮架	固定

3. 传动桥减振器

为了吸收发动机原动力的转矩波动,采用如图 4-8 所示的变速器输入减振器总成,此总成包括具有低扭转特性的螺旋弹簧,转矩限制器采用干式、单盘摩擦材料。通过使用这些零件,减振器结构能够很好地吸收发动机原动力的振动。

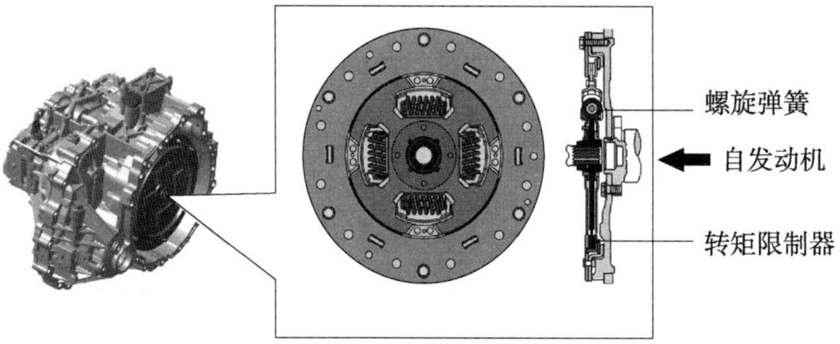

图 4-8　减振器结构

4. 传动桥润滑机构

集油箱用于稳定供油。集油箱暂时存储甩起的油,并为齿轮供油。此外,为了向 MG1 和 MG2 高效供油,集油箱内采用了油孔。润滑机构部件,如图 4-9 所示。油泵包括油泵主动轴、油泵主动转子、油泵从动转子和油泵盖,如图 4-10 所示。

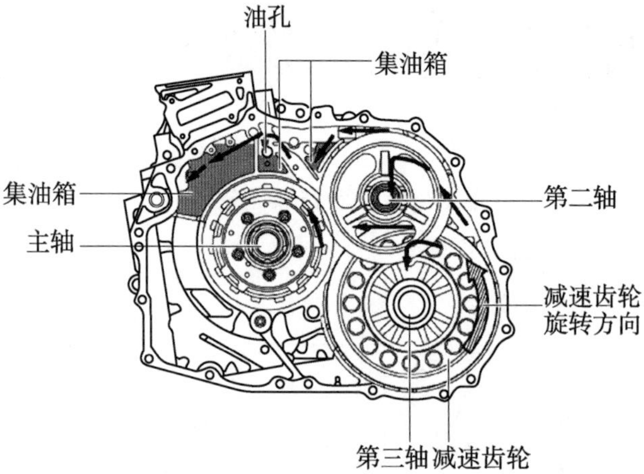

图 4-9　甩油式润滑机构

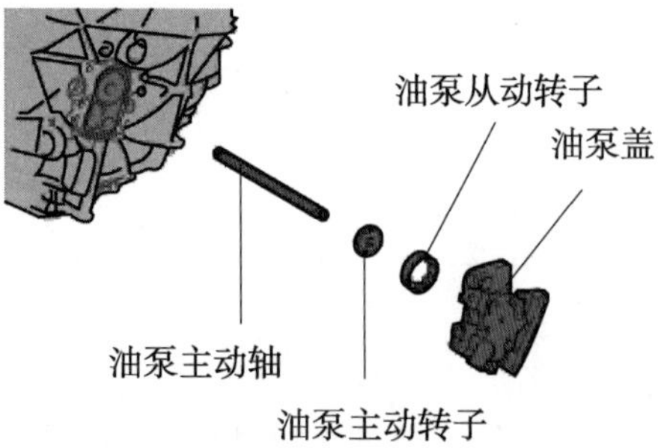

图 4-10　油泵

5. 电子换挡杆系统

(1)系统概述。

电子换挡杆系统是一个使用线控换挡技术的换挡控制系统。此系统根据各种传感器、开关和 ECU 提供的信息判断车辆状态,并根据驾驶人的变速器地板式换挡总成和 P 位置开关(变速器换挡主开关)操作激活适当的换挡控制。

系统采用了结构紧凑的变速器地板式换挡总成,此总成为瞬时换挡型,换挡后驾驶人的手松开,换挡杆会自动返回原始位置。用指尖就可以换挡,符合人体工程学的换挡模式,此操作非常方便。

变速器地板式换挡总成中的换挡位置传感器检测换挡杆位置(R、N、D 或 E)并发送信号至混合动力车辆控制 ECU 总成,混合动力车辆控制 ECU 总成控制发动机转速、MG1 和 MG2 工作状态,产生最佳传动比。

混合动力车辆控制 ECU 总成根据来自换挡杆位置传感器的信号选择挡位,使用此系统,驾驶人按下 P 位置开关(变速器换挡主开关)时,P 位置控制驱动混合动力车辆传动桥总成内的换挡控制执行器总成以机械锁止驻车挡齿轮。控制系统原理如图 4-11 所示。

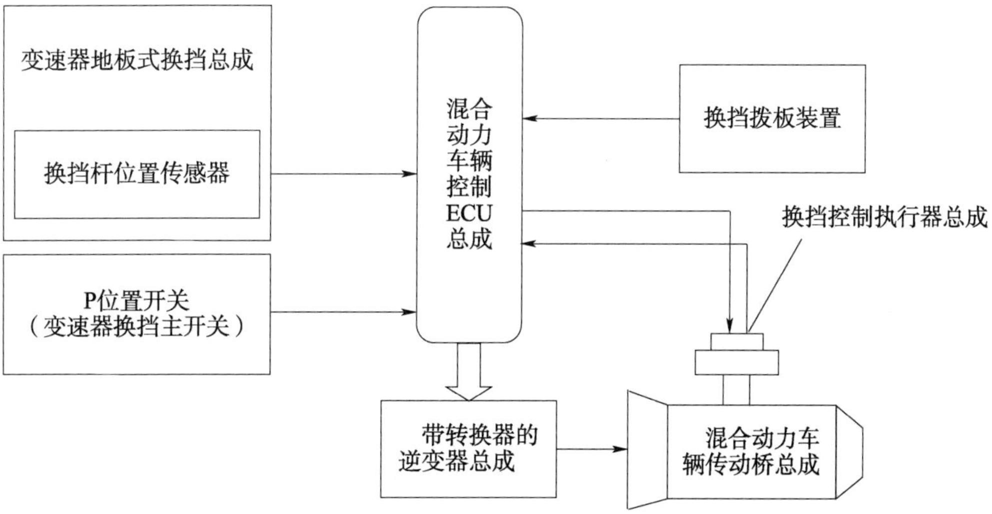

图 4-11　控制系统结构

电源开关置于 ON(READY)位置且选择空挡(N)的情况下踩下加速踏板时,蜂鸣器在组合仪表总成中鸣响,以告知驾驶人。系统部件安装位置如图 4-12 所示。

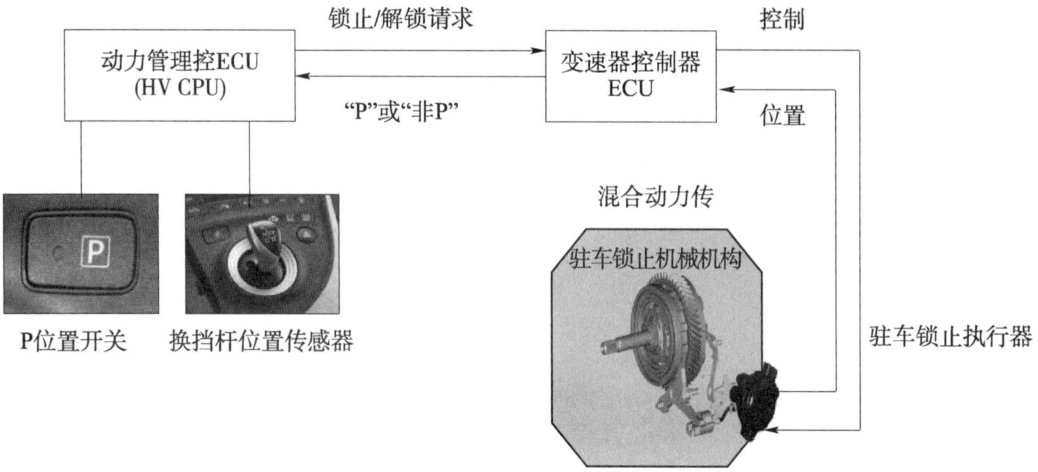

图 4-12　控制系统部件位置

(2)驻车锁止机构。

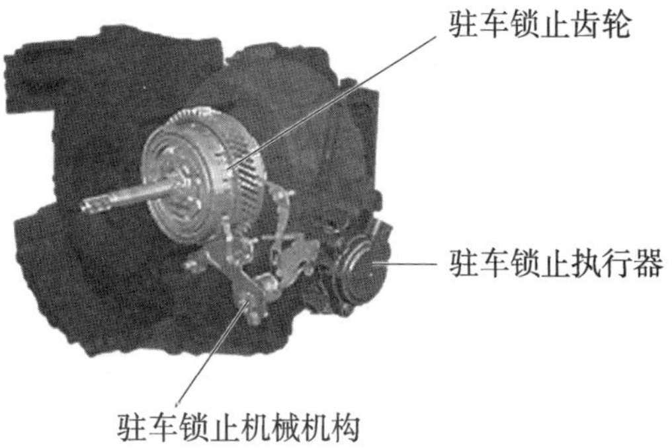

图 4-13　驻车锁止机构部件

驻车锁止机构包括驻车锁止杠杆、驻车锁杆、驻车锁爪和驻车挡齿轮，如图 4-13所示。驻车锁爪与驻车挡齿轮(与复合齿轮集成一体)的结合锁止车辆的移动。驻车锁止执行器(换挡控制执行器总成)旋转驻车锁止杠杆以滑动驻车锁止，驻车锁杆向上推动驻车锁爪。从而，驻车锁爪与驻车挡齿轮结合。

(3)驻车锁止执行器。

驻车锁止执行器(换挡控制执行器总成)包括一个开关磁阻电机和一个摆线减速机构，如图 4-14 所示。

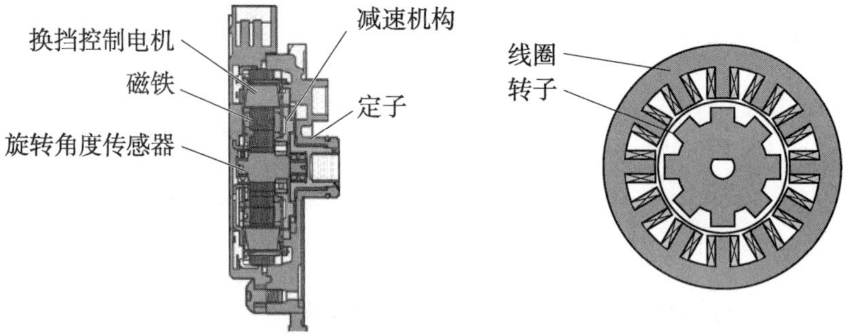

图 4-14　执行器结构

驻车锁止执行器(换挡控制执行器总成)安装在混合动力车辆传动桥总车侧部，接收到来自混合动力车辆的控制 ECU 总成的执行信号后，电机旋转以接合或解除驻车锁止机构，从而机械锁止或解锁传动桥。

开关磁阻电机主要包括线圈、定子、转子和转角传感器，未采用电刷和永久磁铁。2 个旋转角度传感器包括 2 个霍尔集成电路，这 2 个传感器（一个用于相位 A，一个用于相位 B）用于检测电机的转角。此电机旋转，以锁止或解锁驻车挡齿轮，混合动力车辆控制 ECU 总成根据电机旋转范围的转角信号检测当前挡位（驻车挡齿轮锁止或解锁）。

混合动力车辆控制 ECU 总成通过相位交错（A 相和 B 相）的 2 个霍尔集成电路（位于转角传感器内）的脉冲和计数检测电机旋转方向、旋转范围和移动范围，见表 4-2。检测到移动范围后，存储在混合动力车辆控制 ECU 总成存储器内。但断开蓄电池端子时，此数据将被删除。

脉冲信号计数 表 4-2

计数正时	脉冲变化	
	A 相	B 相
锁止→解锁	OFF→OFF	OFF→ON
	OFF→ON；ON→OFF	ON→ON；ON→OFF
	ON→OFF	OFF→OFF
解锁→锁止	OFF→ON	OFF→OFF
	ON→ON；ON→OFF	OFF→ON；ON→OFF
	OFF→OFF	ON→OFF

混合动力车辆控制 ECU 总成起动或重新连接蓄电池时，检测驻车锁止位置和解锁位置（提供建立控制标准的值）并存储在存储器内。开始时，混合动力车辆控制 ECU 总成使电机旋转至锁止位置，以在存储器中存储驻车锁止位置。然后，混合动力汽车控制 ECU 总成使电机反向旋转，以在存储器中存储解锁位置。但是，如果混合动力汽车控制 ECU 总成已在存储器中存储了上一操作的移动范围，将检测到一个当前位置，并根据存储器中存储的移动范围计算出另一个位置。由于有这些程序，更换执行器或混合动力汽车控制 ECU 总成或重新连接蓄电池端子后，不需要初始化程序。

由于摆线减速机构增大了电机输出轴的转矩，因此车辆停在倾斜道路上（需要较大转矩接触驻车锁止）时，可完成驻车锁止解除操作。

此机构包括一个偏心盘（安装在电机输出轴上）、一个内齿轮（61 个齿）（固定在外壳上）、一个外齿轮（60 个齿）和一个输出轴（与外齿轮一起旋转）。

随着偏心盘的旋转运动（与电机输出轴一起旋转），内齿轮一边啮合，一边推动外齿轮，如图4-15所示。偏心盘每转一圈，外齿轮（比内齿轮少1个齿）少旋转一个齿。结果，输出轴（与外齿轮一起旋转）以减速比61∶1输出电机的旋转运动。

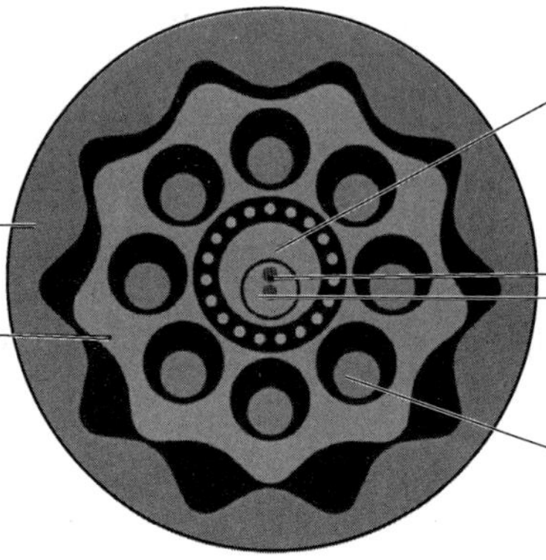

图4-15　偏心轮旋转运动

二、任务实施

（一）检查驱动系统

针对本实训室的混合动力汽车（或实训台架）的传动系统，每个小组做出一份检查组成及工作过程的实训计划。

①小组人员安排：

②安全注意事项：

③主要检查的项目和检查的步骤：

(二)准备工作

需要准备的具体材料见表4-3。

需要准备的材料　　表4-3

类　别	序　号	名　称	数　量
学材、教材	1	新能源汽车底盘检修学材、工作页	1
实训设备	2	混合动力汽车传动系统台架	2
	3	混合动力汽车，举升机	2
实训环境	4	新能源汽车一体化教学场地	1

(三)操作步骤

(1)通过观察混合动力汽车传动系统台架查看主要组成。

(2)检查混合动力汽车传动系统查看其工作过程。

三、任务测试(工作页)

(1)请完成下面各形式传动系统的动力传递路线图(图4-16～图4-18)。

①串联式。

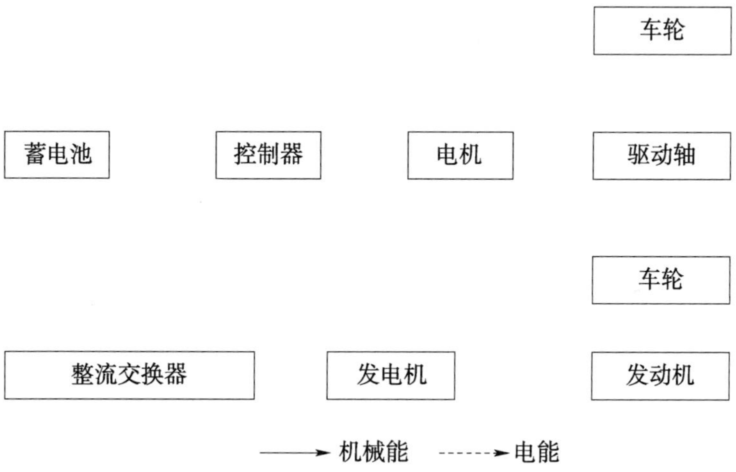

图4-16　串联式动力传递路线图

②并联式。

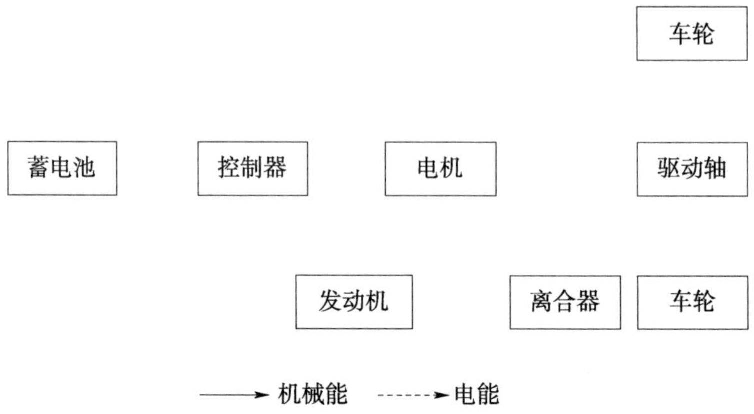

图 4-17　并联式动力传递路线图

③混联式。

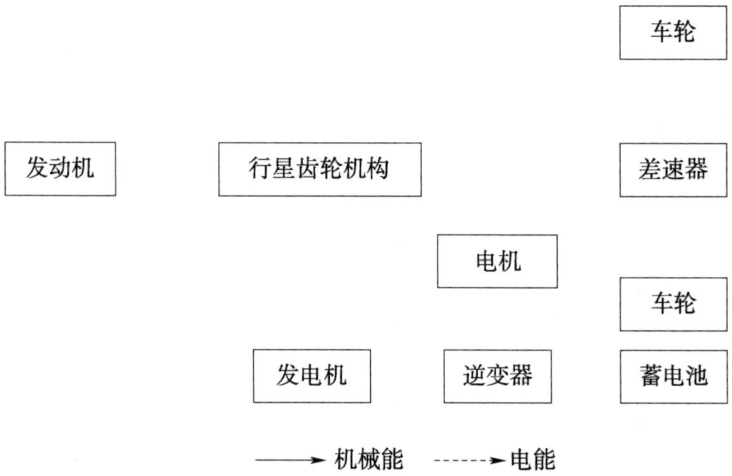

图 4-18　混联式动力传递路线图

(2)完成以下复合齿轮组连接情况表(表 4-4)。

复合齿轮组连接情况表　　表 4-4

项　　目		连　　接
动力分配行星齿轮机构	太阳齿轮	
	齿圈	
	齿轮架	
电机减速齿轮机构	太阳齿轮	
	齿圈	
	齿轮架	

学习任务5　检修凯美瑞汽车不传动故障

学习目标

(1)描述凯美瑞混合动力汽车传动桥的组成。

(2)熟悉混合动力汽车的诊断流程。

(3)分析并判断不传动故障原因。

(4)会运用参考资料及网络查询相关信息来帮助排除故障。

建议课时

16课时。

任务描述

一辆行驶里程约10万km、搭载3AZ—FXE发动机和ECVT变速器的2010年款丰田凯美瑞混合动力轿车。车主反映该车辆出现挂挡后无法向前或向后行驶,组合仪表也报警,出现“检查混合动力系统”的提示信息,蜂鸣器也响,需要将车辆拖回维修厂进行维修检查。如果你是维修师傅,你如何检查?

一、信息收集

(一)认识凯美瑞混合动力汽车传动桥

该款凯美瑞混合动力汽车采用的是P311传动桥,P311混合动力传动桥总成主要由MG1、MG2、复合齿轮机构(由电机减速行星齿轮机构和动力分配行星齿轮机构组成)、中间轴齿轮机构以及差速器齿轮机构组成,如图5-1、图5-2所示。

发动机、MG1和MG2由复合齿轮机构机械地连接在一起。复合齿轮机构由电机减速行星齿轮机构和动力分配行星齿轮机构组成。电机减速行星齿轮机构降低MG2的转速,动力分配行星齿轮机构将发动机的原动力分成两路:一路用来驱动车轮,另一路用来驱动MG1。传动桥各个组成部件的作用见表5-1。

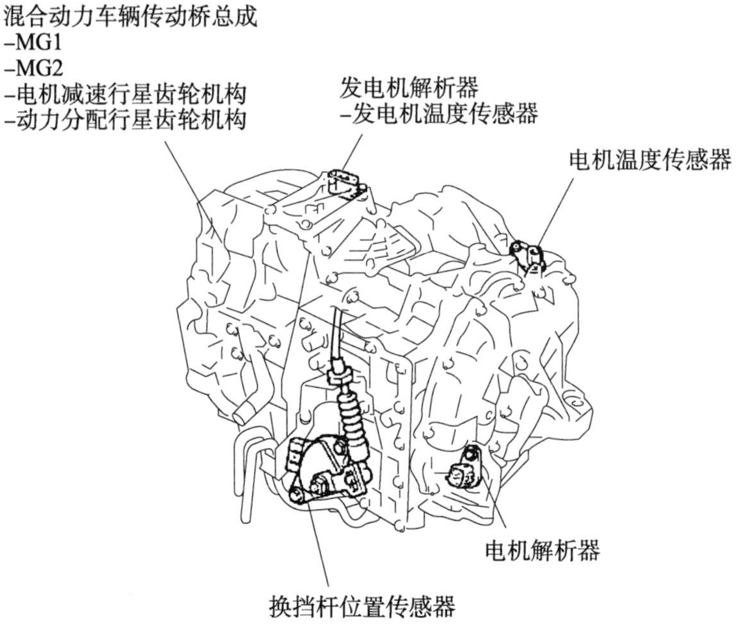

图 5-1　P311 传动桥总成

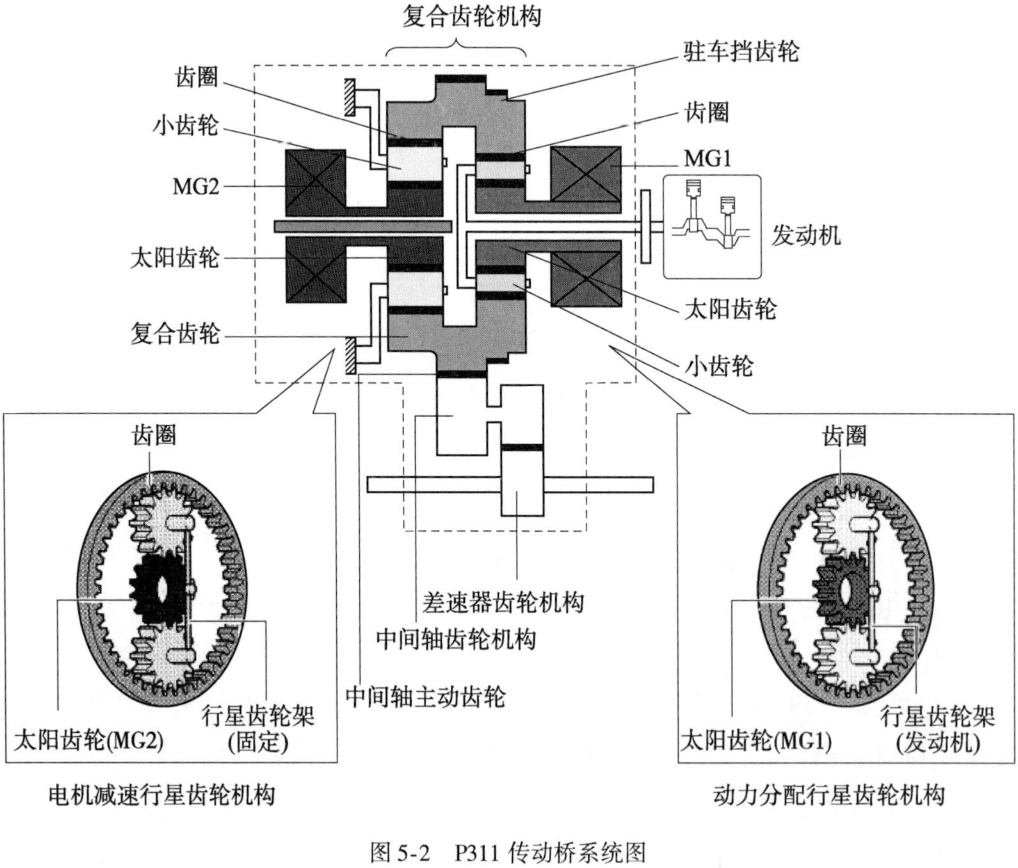

图 5-2　P311 传动桥系统图

传动桥各组成部件的作用　　　表 5-1

零件名称		作用
MG1		由发动机驱动并产生高压电,以运行 MG2 和/或对 HV 蓄电池充电,还可以作为起动机来起动发动机
MG2		由来自 MG1 和/或 HV 蓄电池的电力驱动,产生前轮原动力;制动过程中,或未踩下加速踏板时,将产生电力对 HV 蓄电池再充电(再生制动)
复合齿轮机构	动力分配行星齿轮	按比例分配发动机驱动力以直接驱动车辆及 MG1
	电机减速行星齿轮	位于 MG2 和动力分配行星齿轮之间,电机减速行星齿轮降低 MG2 的转速,以增加转矩
解析器		MG1 和 MG2 各自都配备解析器; 将电机的转速发送到电机发电机 ECU(MG ECU)
温度传感器		MG1 和 MG2 各自都配备温度传感器; 测量 MG1 和 MG2 的温度
换挡杆位置传感器		将换挡杆位置转换为电信号,并将其输出到混合动力车辆控制 ECU

(二)熟悉混合动力汽车的诊断流程

1. 混合动力汽车的自诊断系统

混合动力车辆控制 ECU 具有自诊断系统。如果计算机、混合动力车辆控制系统或零部件工作异常,则 ECU 记录与故障相关的条件。ECU 也会点亮组合仪表上的主警告灯并提供多信息显示屏上的其他相应信息,例如 HV 系统警告信息、HV 蓄电池警告信息或放电警告信息,本待修车辆的仪表显示如图 5-3 所示。

图 5-3　组合仪表总成

(1)⚠主警告灯。

主警告灯的主要功能是在丰田混合动力系统-Ⅱ(THS-Ⅱ)或其他系统发生

故障时，或 HV 蓄电池的 SOC 低于标准值时，在警告蜂鸣器鸣响的同时点亮，以通知驾驶人。提示：混合动力车辆控制系统故障时，主警告灯点亮；在检查模式时，主警告灯闪烁。

(2)

READY 指示灯。

换挡杆置于 P 位置时，如果驾驶人同时踩下制动踏板并接通电源开关，则 READY 指示灯闪烁。之后，在系统起动时灯点亮，以通知驾驶人车辆可以驾驶。

(3) MIL 故障指示灯。

①READY 指示灯点亮前，电源开关首次置于 ON(IG)位置时 MIL 点亮。

②READY 指示灯点亮时，MIL 应熄灭。如果 MIL 持续点亮，则诊断系统检测到系统故障或异常。

提示：如果电源开关首次置于 ON(IG)位置时 MIL 不亮，则检查 MIL 电路。

(4)多信息显示屏。

多信息显示屏用来显示以下 4 种丰田混合动力系统-Ⅱ(THS-Ⅱ)警告信息，见表 5-2。

多信息显示屏警告信息 表 5-2

警告信息	内容
电量低时停车切换到 P 挡域	该警告信息向驾驶人指示 SOC 低于最低标准值(%)。同时，主警告灯闪烁且蜂鸣器鸣响
检查混合动力系统	该警告信息向驾驶人指示混合动力系统-Ⅱ(THS-Ⅱ)出现故障。同时，主警告灯点亮且蜂鸣器鸣响。但是，将电源开关置于 ON(IG)位置后的 5s 内，上述警告灯和蜂鸣器将暂时处于非激活状态
混合动力系统过热	该警告信息向驾驶人指示与混合动力系统-Ⅱ(THS-Ⅱ)相关的任何零件的温度超过标准值。同时，主警告灯点亮且蜂鸣器鸣响
驻车后切换到 P 挡域	HV 蓄电池的 SOC 低于标准值且换挡杆置于 N 位置时，该警告信息将指示驾驶人将换挡杆置于 P 位置，以对 HV 蓄电池充电。信息出现的同时，主警告灯闪烁且蜂鸣器持续鸣响

(5)DTC(诊断故障代码)。

混合动力系统的诊断故障代码与传统燃油汽车的故障代码稍有不同，混合动力汽车的每个 DTC 都有信息码[INF Code]，通过 DTC 和 INF code 可以大大缩小故障的范围。提示:专用解码仪才能读到信息码。混合动力系统诊断故障代码表(部分)见表5-3。

诊断故障代码表(部分) 表5-3

DTC代码	检测项目	故障部位	主警告灯	MIL
P0705-757	变速器挡位传感器电路	(1)线束或连接器; (2)换挡杆位置传感器; (3)混合动力车辆控制ECU	点亮	—
P0705-758	变速器挡位传感器电路	(1)线束或连接器; (2)换挡杆位置传感器; (3)混合动力车辆控制ECU	点亮	—
P0851-775	驻车挡/空挡开关输入电路低电路	(1)线束或连接器; (2)换挡杆位置传感器; (3)混合动力车辆控制ECU	点亮	—
P0A0F-238	发动机无法起动	(1)发动机; (2)混合动力车辆传动桥总成(轴、齿轮); (3)变速器输入减振器总成; (4)线束或连接器; (5)混合动力车辆控制ECU	点亮	—
P0A1D-103	混合动力传动系控制模	混合动力车辆控制ECU	点亮	点亮
P0A1D-134	混合动力传动系控制模	混合动力车辆控制ECU	点亮	点亮
P0A1D-135	混合动力传动系控制模	混合动力车辆控制ECU	点亮	点亮
P0A1D-140	混合动力传动系控制模	混合动力车辆控制ECU	点亮	点亮
P0A1D-141	混合动力传动系控制模	混合动力车辆控制ECU	点亮	点亮
P0A1D-144	混合动力传动系控制模	混合动力车辆控制ECU	点亮	点亮
P0A1D-145	混合动力传动系控制模	混合动力车辆控制ECU	点亮	点亮

2.故障诊断流程

故障诊断流程如图5-4所示。

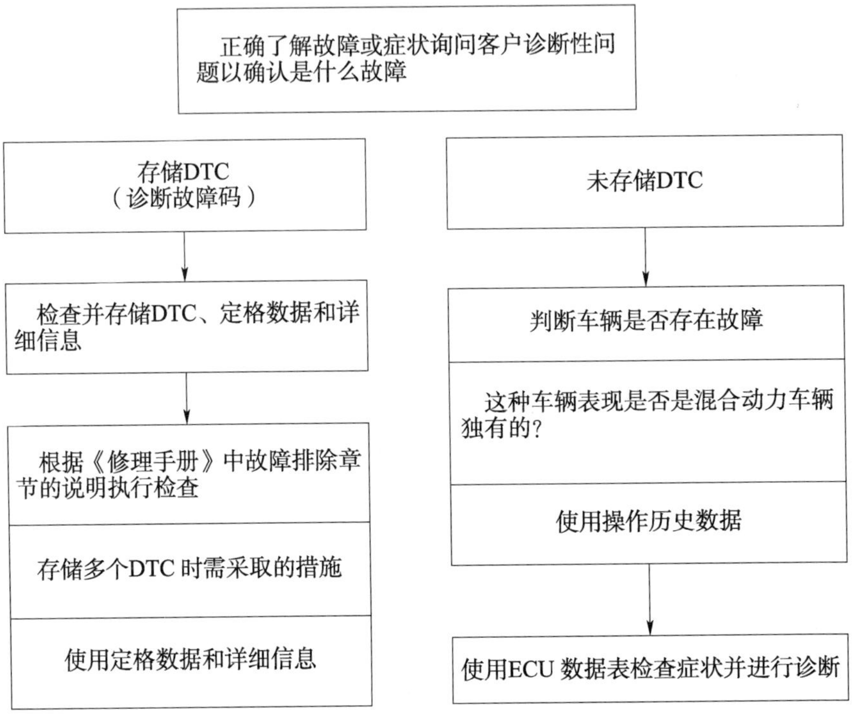

图5-4　混合动力汽车故障诊断的流程图

二、任务实施

（一）准备工作

（1）需准备的具体材料见表5-4。

准备材料表　　表5-4

类　别	序　号	名　称	数　量
学材、教材	1	新能源汽车底盘检修学材、工作页	1
实训设备	2	凯美瑞混合动力汽车传动系统台架	2
	3	凯美瑞混合动力汽车，举升机	2
实训环境	4	新能源汽车一体化教学场地	1

（2）针对凯美瑞混合动力汽车（或实训台架）的传动系统，每个小组做出一份故障排除的计划。

（二）技术要求与注意事项

（1）检查高压系统或断开带转换器的逆变器总成低压连接器前，务必采取安全措施，如佩戴绝缘手套并拆下维修塞把手以防电击。拆下维修塞把手后放到自己的口袋中，防止其他技师在你进行高压系统作业时将其意外重新连接。

(2)断开维修塞把手后,在接触任何高压连接器或端子前,等待至少 10min 时间。

注意:拆下维修塞把手后,将电源开关置于 ON(READY)位置可能会导致故障。除非《维修手册》规定,否则请勿将电源开关置于 ON(READY)位置。

(3)等待 10min 后,检查带转换器的逆变器总成检查点端子处的电压。开始工作前的电压应为 0V,务必佩戴绝缘手套。

(三)操作步骤

1. 故障确认

确认该车仪表盘的主报警灯点亮,车辆也是无法行驶,踩下加速踏板没有任何反应,连接 GTS 检测仪读取 DTC,故障代码为:P0705-757(变速器挡位传感器电路)、P0705-758(变速器挡位传感器电路)、P0851-775(驻车挡/空挡开关输入电路低电路)。

2. 原因分析

根据诊断故障代码表(表 5-3)可知,可能是换挡控制系统出现了故障。凯美瑞混合动力汽车采用 5 位置(P、R、N、D 和 B)定位板式换挡杆。定位板式换挡杆根据单移位操作原理进行操作,换挡控制系统如图 5-5 所示。

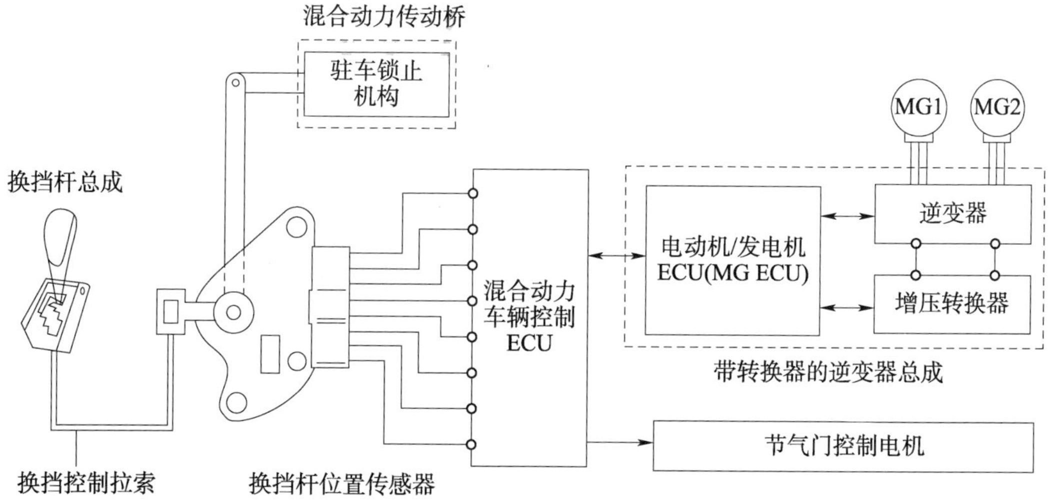

图 5-5　换挡控制系统图

传动桥上安装有换挡杆位置传感器,用来检测换挡杆位置,并发送相应的信号至混合动力车辆控制 ECU。在接收到该信号后,混合动力车辆控制 ECU 将发动机、MG1 和 MG2 的操作优化组合,以产生各自的换挡杆位置(P、R、N、D 和 B),混合动力车辆控制 ECU 也用这些信息决定行驶方向(向前或向后)。换挡杆位置传感器结构如图 5-6 所示，换挡杆位置传感器电路连接点如图 5-7 所示，传感器电路图如图 5-8 所示。

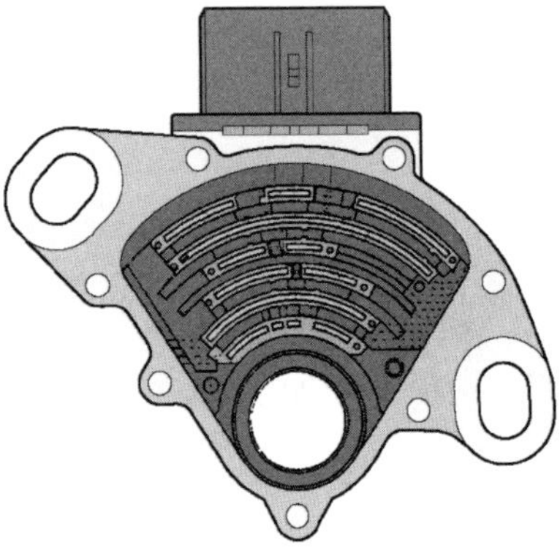

图 5-6　换挡杆位置传感器构造图

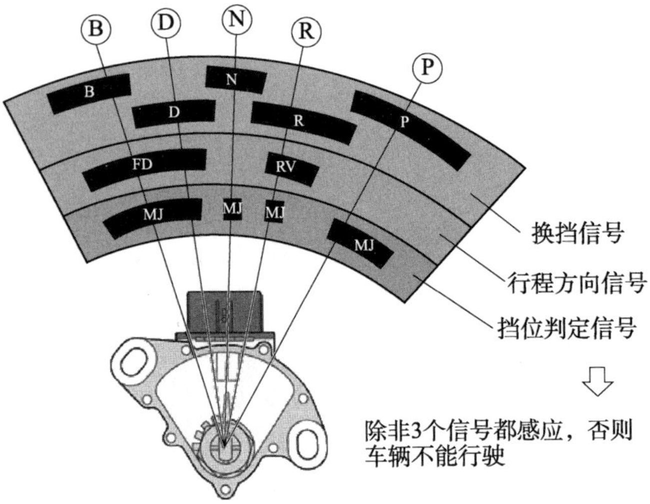

图 5-7　换挡杆位置传感器电路连接点

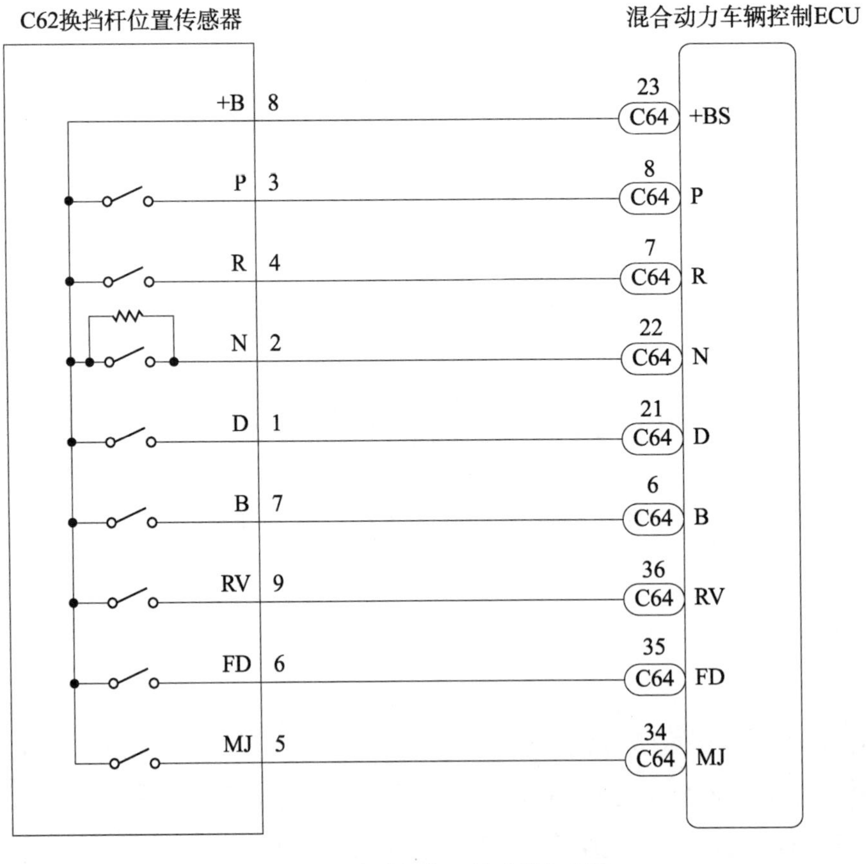

图 5-8　换挡杆位置传感器电路图

3. 诊断过程

(1)根据 DTC 代码的内容查阅《维修手册》并按照《维修手册》步骤开始进行检查。

(2)将该车 HV 电池的短路销拔掉大约 10min(将安全维修把手锁放在别人无法接触到得地方),等待 10min 后,检查带转换器的逆变器总成检查点端子处的电压。开始工作前的电压应为 0V。

(3)清除 DTC(HV)。

①将智能检测仪连接到 DLC3。

②将电源开关置于 ON(IG)位置。

③读取并记录 DTC 和定格数据。

④选择以下菜单项:Powertrain/Hybrid Control/Trouble Codes。

⑤清除 DTC 和定格数据。

(4)使用智能检测仪读取值(换挡杆位置)。

①将智能检测仪连接到 DLC3。

②将电源开关置于 ON(IG)位置。

③将换挡杆缓慢从 P 移至 B 位置,然后回到 P 位置,读取智能检测仪上显示的数据列表(换挡杆位置)。

提示:确保缓慢移动换挡杆。

④检查是否输出 DTC,发现仍然输出 DTC P0705-757、P0705-758 和 P0851-775,说明是真实故障。

4. 维修过程

(1)检查连接器的连接情况(换挡杆位置传感器),如图 5-9 所示。

连接器牢固连接且无接触故障。

(2)检查线束和连接器(电源电路),如图 5-10 所示。

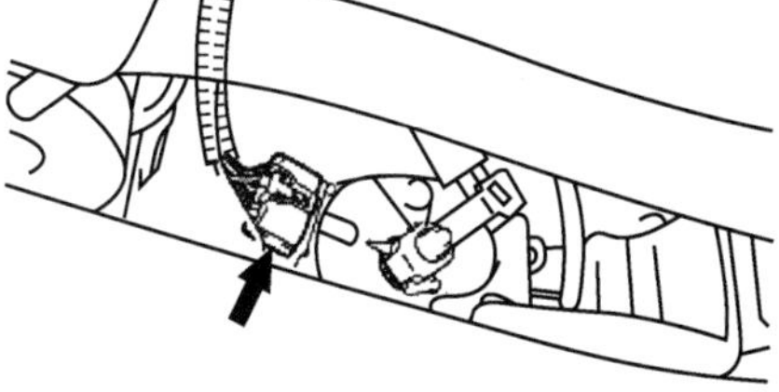

图 5-9　换挡杆位置传感器连接器

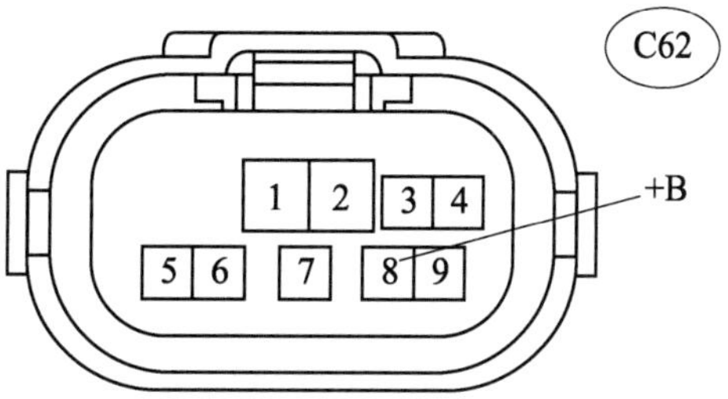

图 5-10　换挡杆位置传感器线束侧

①断开换挡杆位置传感器连接器 C62。

②将电源开关置于 ON(IG)位置。

③测量电压。+B(C62-8)与车身搭铁之间的电压在 10~14V 之间,正常。

注意:换挡杆位置传感器连接器断开时将电源开关置于 ON(IG)位置,将导致存储其他 DTC。执行该检查后清除 DTC。

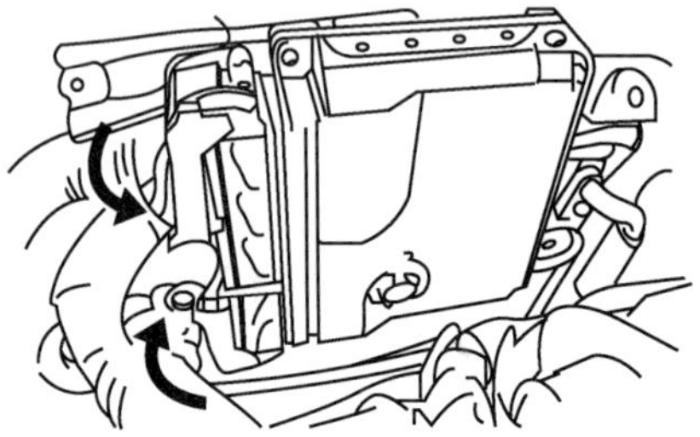

图 5-11 混合动力车辆控制 ECU 连接器

(3)检查连接器的连接情况(混合动力车辆控制 ECU 连接器),如图 5-11 所示。

①确认换挡杆牢固接合。

②确认拉动连接器时换挡杆不会脱出。

(4)检查线束和连接器。

①断开混合动力车辆控制 ECU 连接器 C64,如图 5-12 所示。

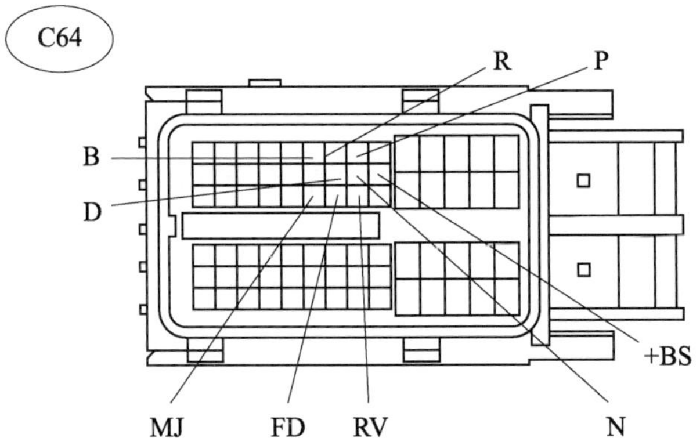

图 5-12 混合动力车辆控制 ECU 连接器

②断开换挡杆位置传感器连接器 C62,如图 5-13 所示。

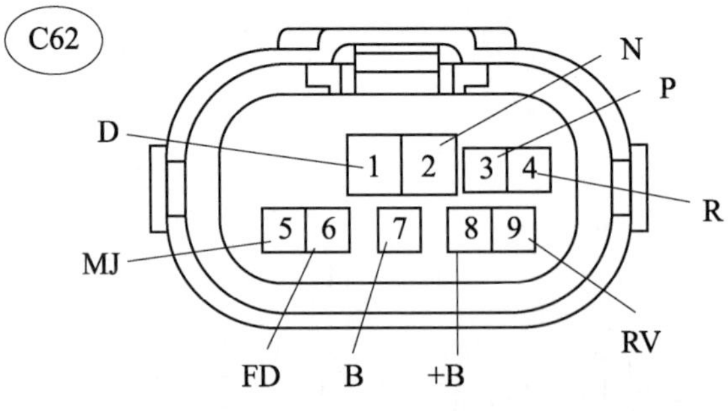

图 5-13 换挡杆位置传感器连接器

③电源开关置于 ON(IG)位置时,根据表 5-5 中的值测量电压。

测量电压参考值　　表 5-5

万用表连接	规定值(V)
+BS(C64-23)—车身搭铁	<1
P(C64-8)—车身搭铁	<1
R(C64-7)—车身搭铁	<1
N(C64-22)—车身搭铁	<1
D(C64-21)—车身搭铁	<1
B(C64-6)—车身搭铁	<1
MJ(C64-34)—车身搭铁	<1
FD(C64-35)—车身搭铁	<1
RV(C64-36)—车身搭铁	<1

④将电源开关置于 OFF 位置。

⑤根据表 5-6、表 5-7 中的值测量电阻值。

短 路 检 查　　表 5-6

万用表连接	电阻值(kΩ)
+BS(C64-23)或+B(C62-8)—车身搭铁	>10
P(C64-8)或 P(C62-3)—车身搭铁	>10
R(C64-7)或 R(C62-4)—车身搭铁	>10
N(C64-22)或 N(C62-2)—车身搭铁	>10
D(C64-21)或 D(C62-1)—车身搭铁	>10
B(C64-6)或 B(C62-7)—车身搭铁	>10
MJ(C64-34)或 MJ(C62-5)—车身搭铁	>10
FD(C64-35)或 FD(C62-6)—车身搭铁	>10
RV(C64-36)或 RV(C62-9)—车身搭铁	>10

断 路 检 查　　表 5-7

万用表连接	电阻值(Ω)
+BS(C64-23)—+B(C62-8)	<1
P(C64-8)—P(C62-3)	<1
R(C64-7)—R(C62-4)	<1
N(C64-22)—N(C62-2)	<1
D(C64-21)—D(C62-1)	<1
B(C64-6)—B(C62-7)	<1

续上表

万用表连接	电阻值(Ω)
MJ(C64-34)—MJ(C62-5)	<1
FD(C64-35)—FD(C62-6)	<1
RV(C64-36)—RV(C62-9)	<1

经检查,电阻值正常。

(5)检查换挡杆位置传感器。

①未连接换挡杆位置传感器连接器,如图5-14所示。

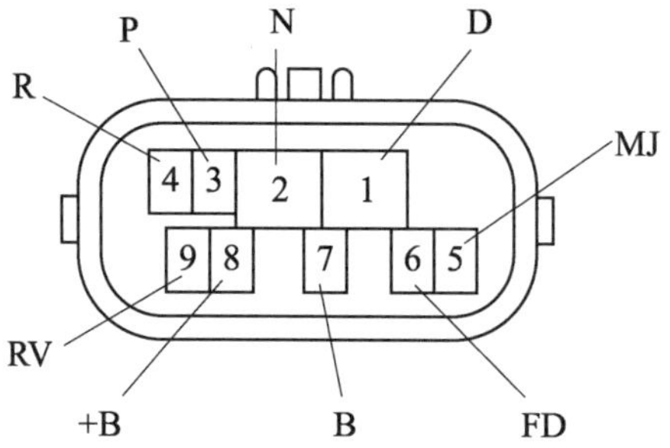

图5-14 未连接线束的换挡杆位置传感器

②根据表5-8中的值测量电阻。

换挡杆位置传感器的标准电阻值 表5-8

换挡杆位置	8(+B)—1(D)	8(+B)—2(N)	8(+B)—3(P)	8(+B)—4(R)	8(+B)—5(MJ)	8(+B)—6(FD)	8(+B)—7(B)	8(+B)—9(RV)
P	≥10kΩ	4.2~5.1kΩ	<1Ω	≥10kΩ	<1Ω	≥10kΩ	≥10kΩ	≥10kΩ
R	≥10kΩ	4.2~5.1kΩ	≥10kΩ	<1Ω	<1Ω	≥10kΩ	≥10kΩ	<1Ω
N	≥10kΩ	<1Ω	≥10kΩ	≥10kΩ	<1Ω	≥10kΩ	≥10kΩ	≥10kΩ
D	<1Ω	4.2~5.1kΩ	≥10kΩ	≥10kΩ	<1Ω	<1Ω	≥10kΩ	≥10kΩ
B	≥10kΩ	4.2~5.1kΩ	≥10kΩ	≥10kΩ	<1Ω	<1Ω	<1Ω	≥10kΩ

通过测量,发现电阻值不符合规定值,判定是换挡杆位置传感器失效。

(6)拆卸换挡杆位置传感器。

①断开换挡杆位置传感器连接。

②拆下螺母、垫圈和控制杆,如图5-15所示。

③使用螺丝刀撬动锁止板的凸耳,如图5-16所示。

④拆下锁紧螺母和锁止板,如图5-17所示。

⑤拆下2个螺栓并拉出换挡杆位置传感器,如图5-18所示。

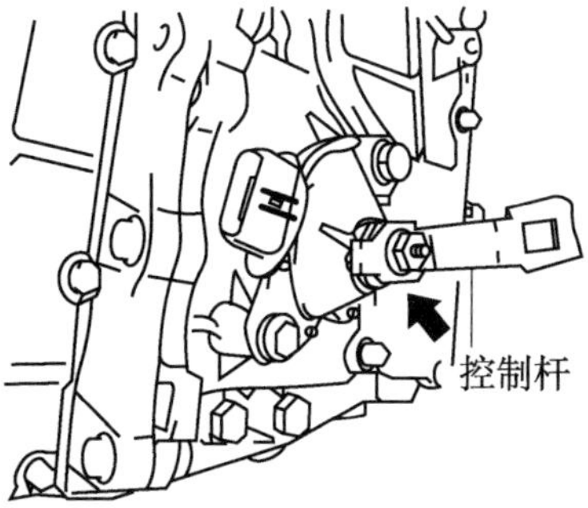

图 5-15　拆下控制杆

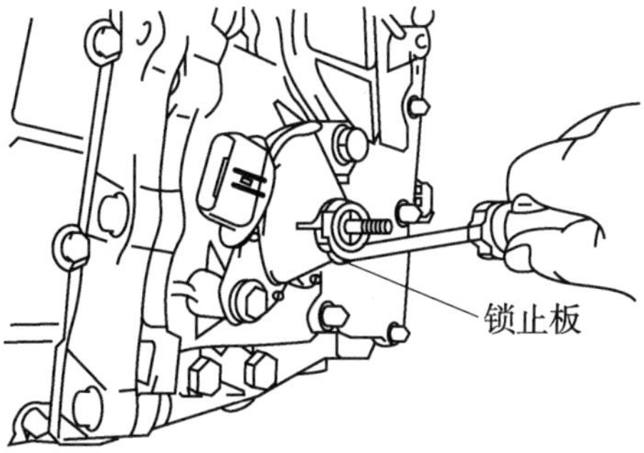

图 5-16　撬开锁止板

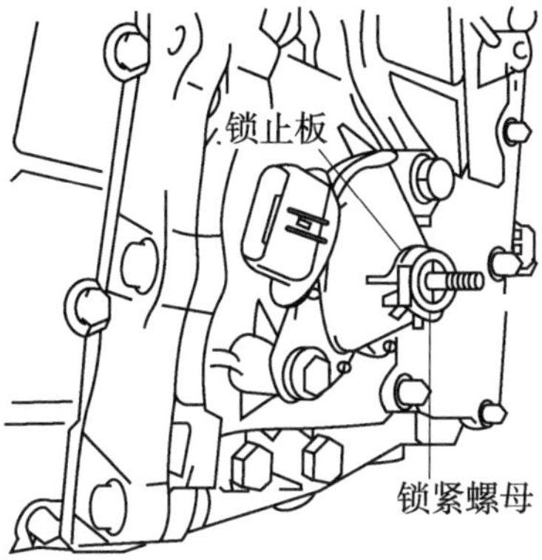

图 5-17　撬开锁止板

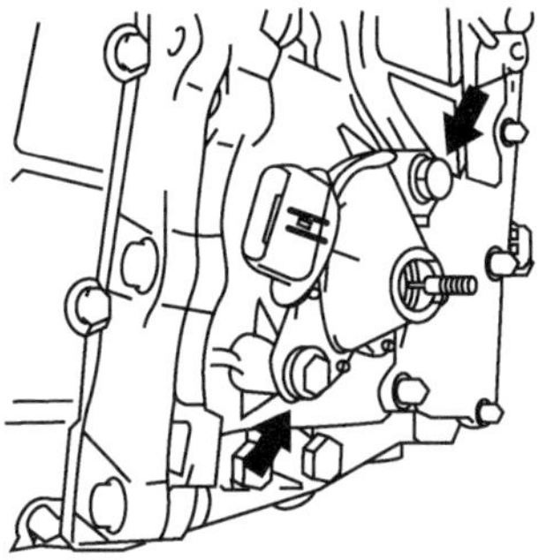

图 5-18　拉出换挡杆位置传感器

(7)安装新的换挡杆位置传感器。

①将换挡杆位置传感器安装到手动阀杆轴上。

②暂时安装 2 个螺栓。

③安装新锁止板并紧固锁紧螺母。拧紧力矩为 6.9N · m。

④暂时安装控制杆。

⑤顺时针转动控制杆直到其停止,然后逆时针转动 2 个槽口,如图 5-19 所示。

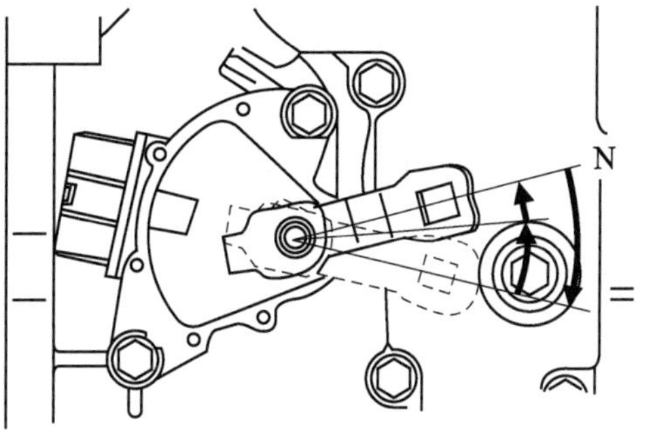

图 5-19　逆时针转动 2 个槽口

⑥拆下控制杆。

⑦将凸出部分与空挡基线对准,如图5-20所示。

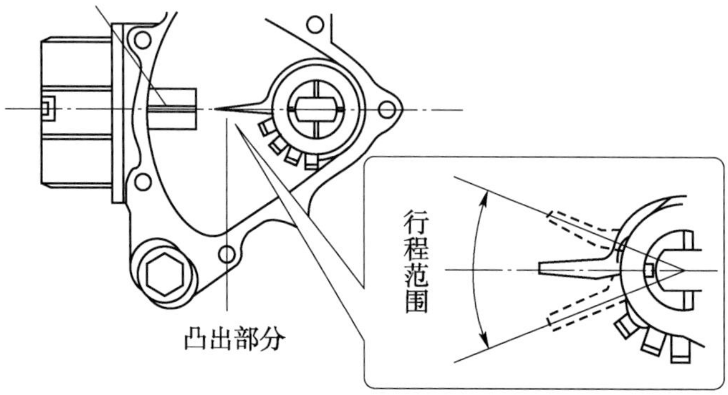

图5-20　突出部分与空挡基线对准

注意:螺母挡块侧(凸出部分)存在间隙。将行程范围的中心点与空挡基线对准。

⑧按如图5-21所示顺序,紧固2个螺栓。拧紧力矩为13N·m。

⑨使用螺丝刀和锁止板固定螺母,拧紧力矩为13N·m,如图5-22所示。

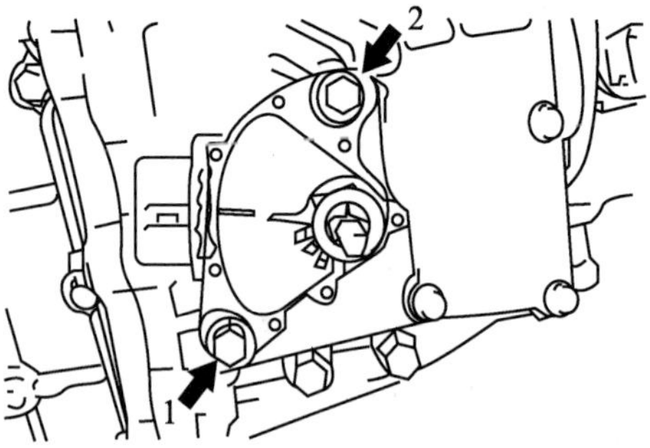

图5-21　拧紧2个螺栓

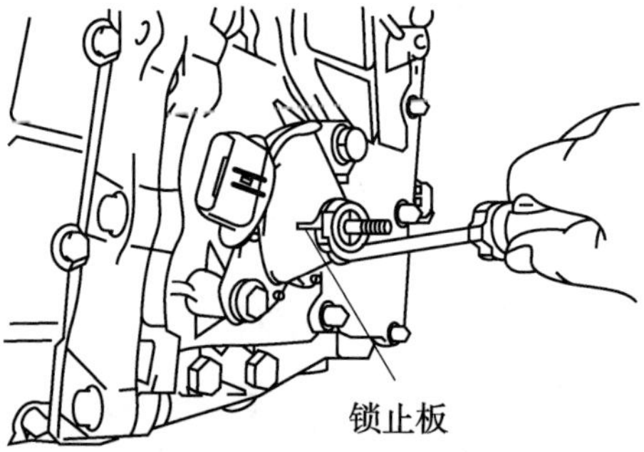

图5-22　将锁止板固定螺母

(8)检查换挡杆工作情况

①将换挡杆从N位置移至各个位置时,检查并确认换挡杆移动平稳并且换挡杆位置指示灯根据换挡杆位置正常点亮。

②将电源开关置于ON(READY)位置并检查下列情况:

a.换挡杆移至D位置时,车辆向前移动。

b.换挡杆移至R位置时,蜂鸣器鸣响,车辆倒车。

三、任务测试

(1)小组合作,根据图5-12混合动力车辆控制ECU连接器和图5-13换挡杆位置传感器连接器，在实车上进行测量，完成表5-9。

换挡杆位置传感器的实测电压值　　表5-9

万用表连接	规定值(V)	实　测　值
+BS(C64-23)—车身搭铁	<1	
P(C64-8)—车身搭铁	<1	
R(C64-7)—车身搭铁	<1	
N(C64-22)—车身搭铁	<1	
D(C64-21)—车身搭铁	<1	
B(C64-6)—车身搭铁	<1	
MJ(C64-34)—车身搭铁	<1	
FD(C64-35)—车身搭铁	<1	
RV(C64-36)—车身搭铁	<1	

判断结论：

(2)小组合作，在实车上进行换挡杆位置传感器的测量，完成表5-10换挡杆位置传感器的实测电阻值。

换挡杆位置传感器的实测电阻值　　表5-10

换挡杆位置	8(+B)—1(D)	8(+B)—2(N)	8(+B)—3(P)	8(+B)—4(R)	8(+B)—5(MJ)	8(+B)—6(FD)	8(+B)—7(B)	8(+B)—9(RV)
P								
R								
N								
D								
B								

判断结论：

学习任务6　检修凯美瑞汽车传动系统异响故障

学习目标

(1)说明凯美瑞混合动力汽车传动桥的组成及作用。

(2)能分析并判断传动系统异响故障原因。

(3)会运用参考资料及网络查询相关信息来帮助排除故障。

建议课时

16课时。

任务描述

一辆行驶里程约12万km、搭载3AZ—FXE发动机和ECVT变速器的2010年产的丰田凯美瑞混合动力轿车。车主反映:该车辆突然在行驶过程中,就会听到底盘出现"咔咔"的响声,组合仪表也报警,出现"检查混合动力系统"的提示信息,蜂鸣器也响,车主将车缓慢开进维修厂进行维修检查。如果你是维修师傅,你如何检查?

一、信息收集

(一)凯美瑞混合动力汽车传动桥概述

该混合动力传动桥主要由MG1和MG2、复合齿轮机构(含有电机减速行星齿轮机构和动力分配行星齿轮机构)、中间轴齿轮机构以及差速器齿轮机构组成。该传动桥具有三轴结构。复合齿轮机构(含有电机减速行星齿轮机构和动力分配行星齿轮机构)、MG1和MG2位于主轴上。中间轴从动齿轮和减速主动齿轮位于第二轴上。差速器齿圈和差速器齿轮机构位于第三轴上,如图6-1所示。其特点是:

(1)发动机、MG1和MG2由复合齿轮机构机械地连接在一起。

(2)复合齿轮机构由电机减速行星齿轮机构和动力分配行星齿轮机构组成。电机减速行星齿轮机构(其目的是减小电机的转速)用来使高转速、大功率的MG2与动力分配行星齿轮机构实现最佳结合。动力分配行星齿轮机构将发动机的原动力分成二路：一路用来驱动车轮，另一路用来驱动 MG1，因此，MG1 可作为发电机使用。

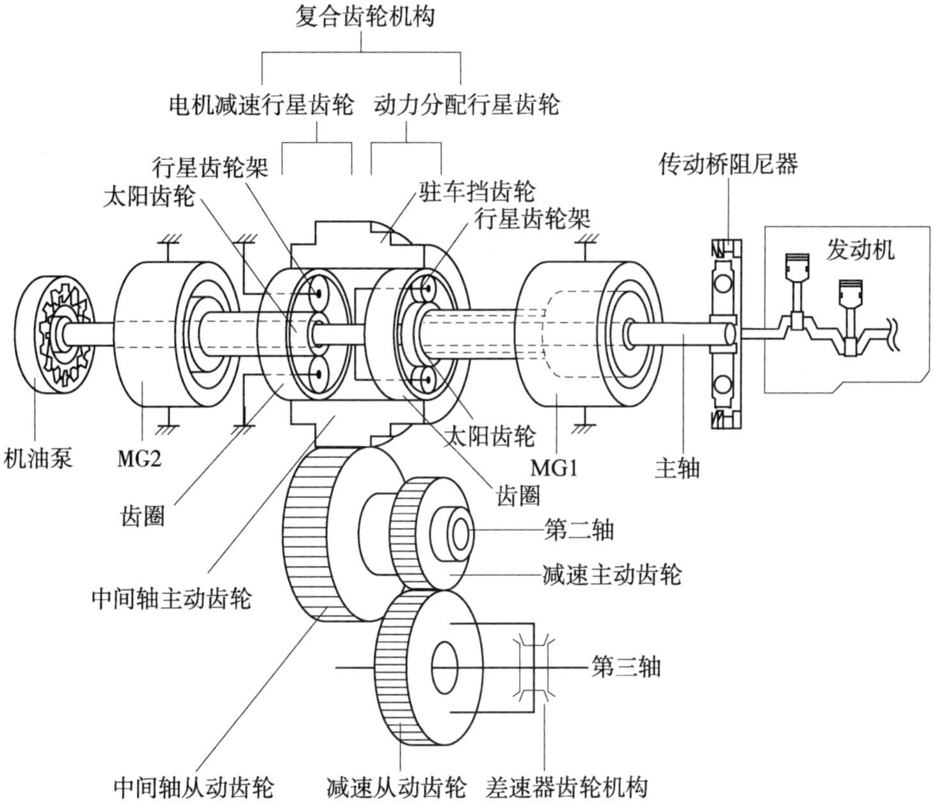

图 6-1　传动桥装置结构示意图

(3)在电机减速行星齿轮机构中，太阳齿轮与 MG2 的输出轴耦合在一起，且行星齿轮架固定。

P311 混合动力传动桥的总传动比和各齿轮的齿数见表 6-1。

总传动比和各齿轮的齿数　　表 6-1

传动桥类型			P311
总减速比		前进挡	3.542
		倒挡	3.542
复合齿轮机构	动力分配行星齿轮	齿圈齿轮齿数	78
		小齿轮齿数	23
		太阳轮齿数	30
	电机减速行星齿轮	齿圈齿轮齿数	57
		小齿轮齿数	18
		太阳轮齿数	23

续上表

中间轴齿轮	主动齿轮齿数	54
	从动齿轮齿数	55
减速齿轮	主动齿轮齿数	23
	从动齿轮齿数	80

(二)复合齿轮机构

复合齿轮机构由电机减速行星齿轮和动力分配行星齿轮组成。每个行星齿圈与复合齿轮整合在一起。此外,复合齿轮与中间轴主动齿轮和驻车挡齿轮整合在一起,如图6-2所示。

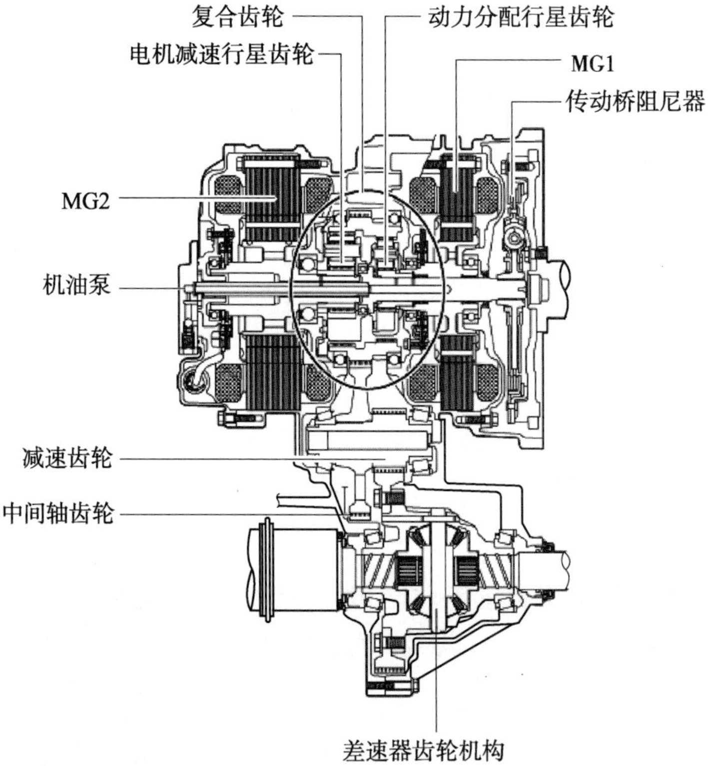

图6-2　复合齿轮机构示意图

行星齿轮的连接关系见表6-2。

行星齿轮的连接关系　　表6-2

行星齿轮		连接
动力分配行星齿轮	太阳轮	MG1
	齿圈	输出(车轮)
	行星架	发动机输出轴

续上表

行星齿轮		连　接
电机减速行星齿轮	太阳轮	MG2
	齿圈	输出(车轮)
	行星架	固定

复合齿轮机构中的动力分配行星齿轮以下述四种方式传输原动力。

(1)由行星齿轮架输入的发动机原动力被输出到齿圈上。此外,通过电机减速行星齿轮将 MG2 原动力输出到齿圈上。两种原动力汇总在一起被传输出去,以驱动车轮,如图 6-3 所示。

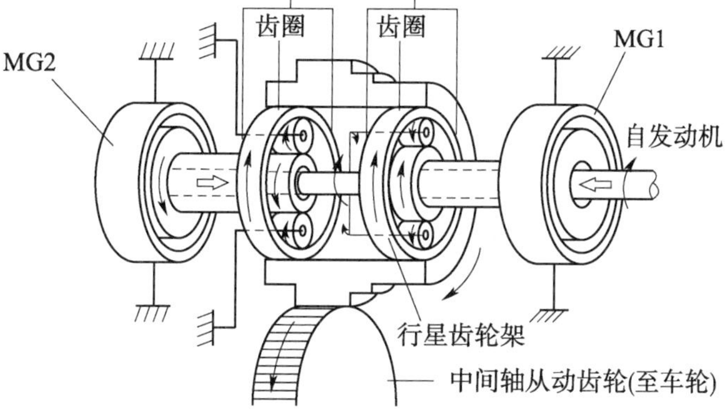

图 6-3　共同输出

(2)MG2 原动力通过电机减速行星齿轮被输出到齿圈上,传输原动力用来驱动车轮,如图 6-4 所示。

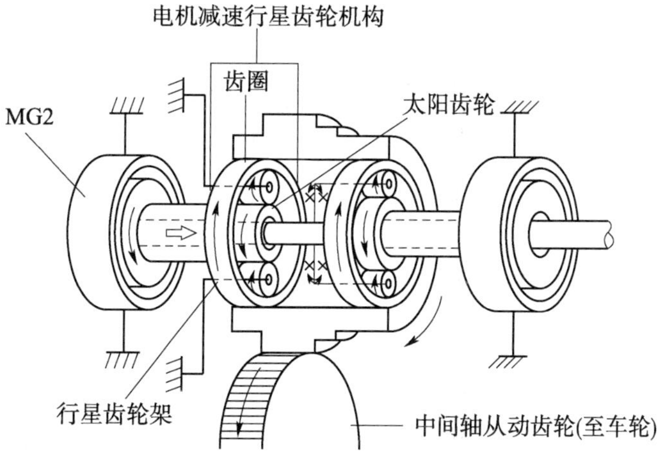

图 6-4　电机减速行星齿轮输出

(3)由行星齿轮架输入的发动机原动力被输出到太阳齿轮上。因此,传输原动力以使MG1作为发电机来工作,如图6-5所示。

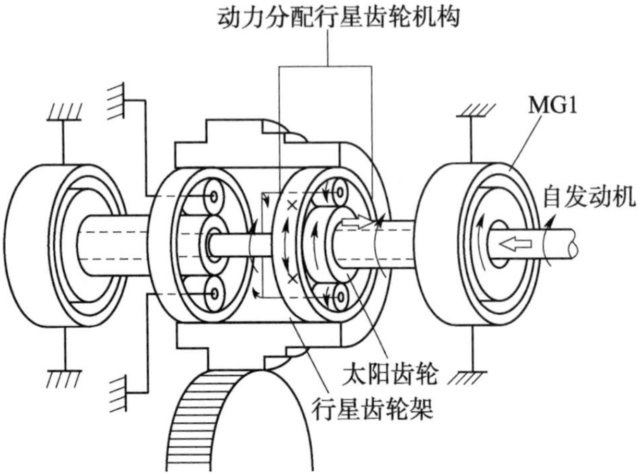

图6-5 驱动MG1工作

(4)位于复合齿轮机构内的电机减速行星齿轮架是固定的。由太阳齿轮输入的MG2原动力被输出到齿圈上以驱动车轮。因此,电机减速行星齿轮可以根据固定传动比降低MG2的转速,增大转矩,如图6-6所示。

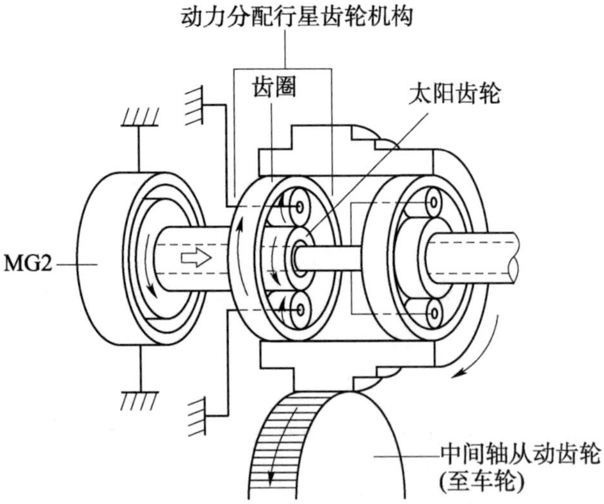

图6-6 增大转矩

(三)齿轮系

该传动桥将发动机和MG2产生的原动力经过减速齿轮传输到复合齿轮机构的中间轴主动齿轮、中间轴从动齿轮、减速主动齿轮,然后传输到差速器齿轮机构,以驱动前轮,如图6-7所示。

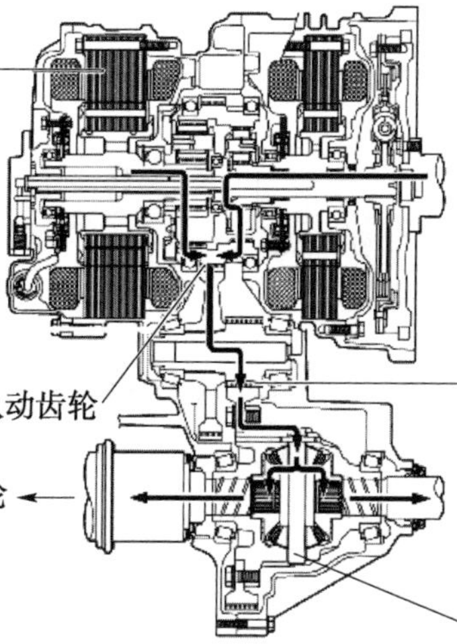

图 6-7　齿轮系动力传递示意图

(四)差速器齿轮机构

差速器齿轮机构采用了类似于常规型传动桥差速器装置的双小齿轮(圆锥齿轮)。

(五)传动桥阻尼器(变速器输入减振器)

传动桥阻尼器包含具有低扭转特性的 4 个螺旋弹簧,用来吸收发动机驱动力的转矩波动。此外,转矩波动吸收机构采用干式、单盘摩擦材料。通过使用这些零件,阻尼器结构能够很好地吸收发动机原动力的振动,如图 6-8 所示。

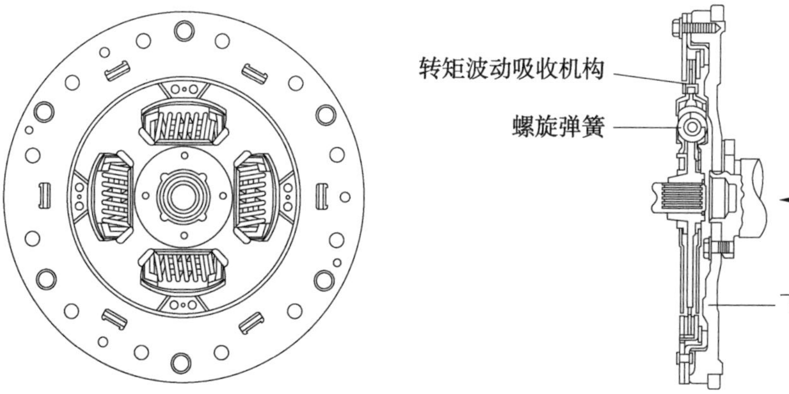

图 6-8　传动桥阻尼器

二、任务实施

(一)准备工作

检查凯美瑞混合动力传动系统。

针对本实训室的凯美瑞混合动力汽车(或实训台架)的传动系统,每个小组做出一份故障排除的计划。

(二)技术要求与注意事项

(1)检查高压系统或断开带转换器的逆变器总成低压连接器前,务必采取安全措施,如佩戴绝缘手套并拆下维修塞把手以防电击。拆下维修塞把手后放到自己口袋中,防止其他技师在你进行高压系统作业时将其意外重新连接。

(2)断开维修塞把手后,在接触任何高压连接器或端子前,等待至少10min。

注意:拆下维修塞把手后,将电源开关置于ON(READY)位置可能会导致故障。除非《维修手册》规定,否则请勿将电源开关置于ON(READY)位置。

(3)等待10min后,检查带转换器的逆变器总成检查点端子处的电压。开始工作前的电压应为0V,必须佩戴绝缘手套。

(三)操作步骤

1.故障确认

试车,踩下制动踏板,按下电源开关,车辆进入READY ON状态,确认该车仪表盘的主报警灯点亮,车辆前进或后退时,在发动机附近听到"咔咔"的声音,而且车速比之前低了许多。连接GTS检测仪读取DTC,出现故障代码为:P3147-239(HV传动桥输入故障(轴损坏));P3147-241(HV传动桥输入故障(输入减振器系统))。记录并尝试清除故障代码,故障代码无法清除。

2.原因分析

根据DTC代码的内容查阅《维修手册》,见表6-3,该故障代码的设置条件可能是HV传动桥输入减振器系统出现了故障。造成该故障的原因可能有:发动机总成损坏;混合动力车辆传动桥总成(轴、齿轮)损坏;线束或连接器损坏;混合动力车辆控制ECU损坏。

故障码含义 表6-3

DTC编号	INF代码	DTC检测条件	故障部位
P3147	239	HV传动桥输入故障(轴损坏)	(1)发动机总成; (2)混合动力车辆传动桥总成(轴、齿轮); (3)线束或连接器; (4)混合动力车辆控制ECU
P3147	241	HV传动桥输入故障(输入减振器系统)	(1)发动机总成; (2)混合动力车辆传动桥总成(轴、齿轮); (3)线束或连接器; (4)混合动力车辆控制ECU

3. 诊断过程

根据上述的检查结果，本着由简到繁的诊断原则，对故障原因进行逐一排查。

(1)检查线束和连接器(曲轴位置传感器—混合动力车辆控制 ECU)，如图 6-9 所示。

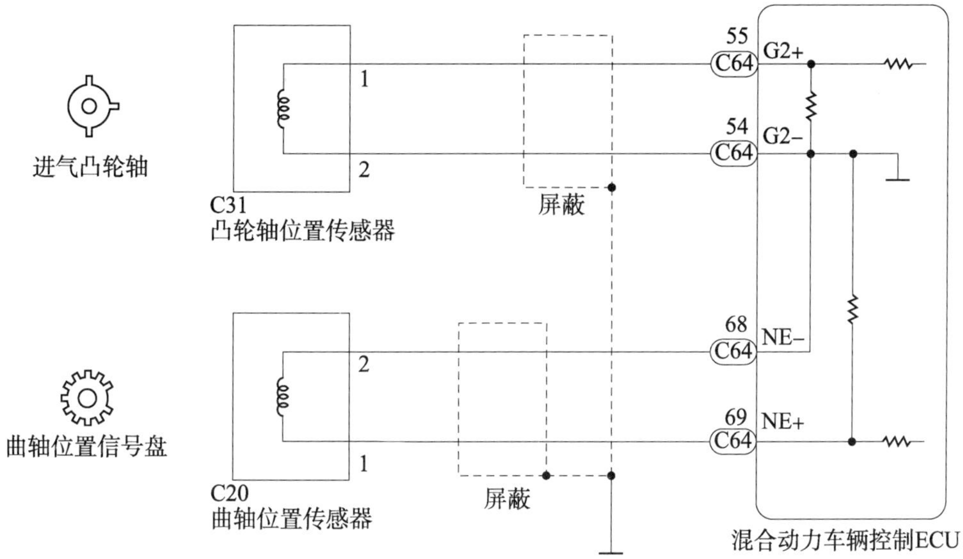

图 6-9　曲轴位置传感器电路图

①断开曲轴位置传感器连接器。

②断开混合动力车辆控制 ECU 连接器。

③根据表 6-4、表 6-5 中的值测量电阻。

断路检查标准电阻　　表 6-4

测试仪连接	条　件	规定状态(Ω)
C220－2—C64－68(Ne－)	始终	<1
C220－1—C64－69(Ne＋)	始终	<1

短路检查标准电阻　　表 6-5

测试仪连接	条　件	规定状态(kΩ)
C220－2 或 C64－68(Ne－)—车身搭铁	始终	≥10
C220－1 或 C64－69(Ne＋)—车身搭铁	始终	≥10

经测量，电阻都在规定范围内，说明线束正常。

(2)检查发动机高速空转。

①将智能检测仪连接到 DLC3。

②将电源开关置于 ON(IG)位置。

③选择以下菜单项:Powertrain/Hybrid Control/Data List/Generator(MG1) Rev,Engine Spd。

④READY 灯点亮后,换挡杆置于 P 位置时,踩下加速踏板并保持 10s。

发现发动机转速随加速踏板踩下而提高,说明正常。

(3)检查发动机转速。

①将智能检测仪连接到 DLC3。

②车辆以高于 10km/h 的速度行驶时,完全踩下加速踏板以提高发动机转速。正常发动机转速应平稳提高(检查提示),如图 6-10 所示。

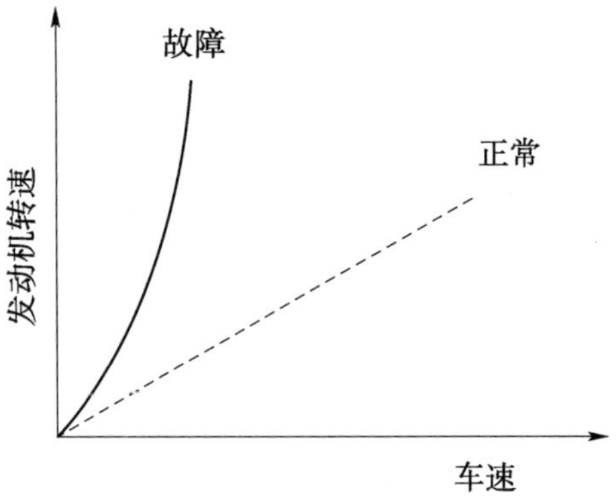

图 6-10　发动机转速与车速的关系曲线

但该车辆发动机的转速过高,则故障出现在传动桥输入部分,需要拆卸混合动力车辆传动桥总成进一步检查。

4. 维修过程

(1)拆卸带传动桥的发动机总成。

(2)拆卸前桥左半轴总成。

(3)拆卸前桥右半轴总成。

(4)拆卸飞轮壳底罩。

(5)分离发动机线束,如图 6-11 所示。

①拆下 2 个螺栓和 2 条搭铁线。

②断开 7 个线束卡夹。

③断开 4 个连接器。

④拆下 3 个螺栓和 3 个线束支架,如图 6-12 所示。

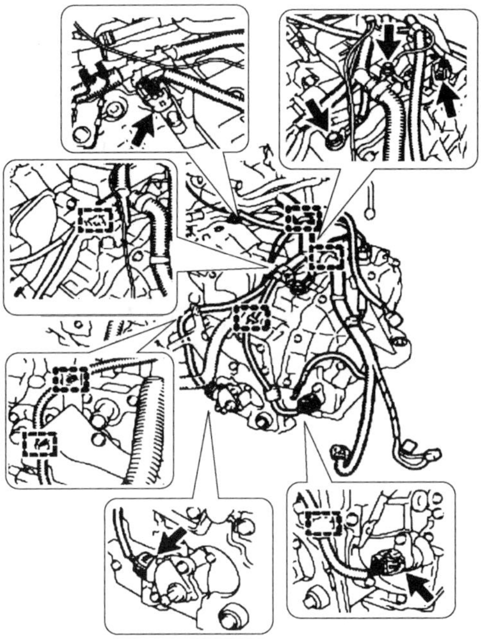

图 6-11 分离发动机线束

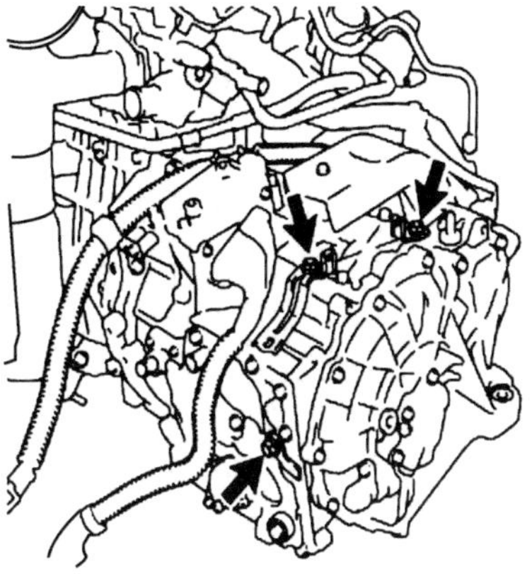

图 6-12 拆卸螺栓和支架

(6)拆卸变速器 1 号控制拉索支架。拆下 2 个螺栓和变速器 1 号控制拉索支架,如图 6-13 所示。

(7)拆卸变速器 2 号控制拉索支架。拆下螺栓和变速器 2 号控制拉索支架,如图 6-14 所示。

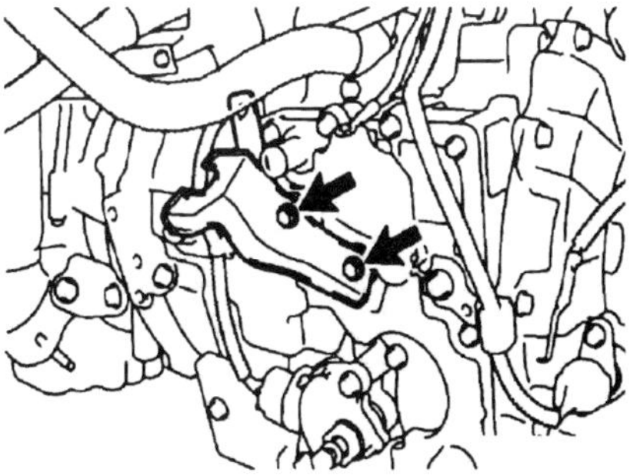

图 6-13 拆卸 1 号控制拉索支架

图 6-14 拆卸 2 号控制拉索支架

(8)拆卸变速器 3 号控制拉索支架,如图 6-15 所示。

①拆下螺栓和变速器 3 号控制拉索支架。

②拆下螺栓和 HV 逆变器保护装置。

(9)拆卸自动变速器盖,如图 6-16 所示。

①从混合动力传动桥上拆下螺栓。

②从自动变速器盖上断开 3 个线束卡夹。

③从混合动力传动桥上拆下2个螺栓和支架。

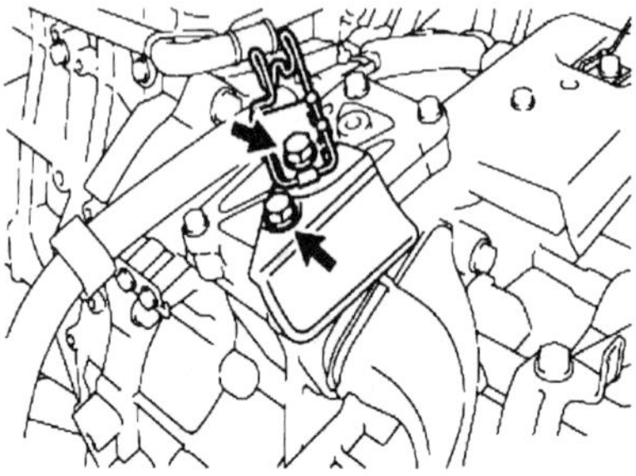

图6-15 拆卸3号控制拉索支架

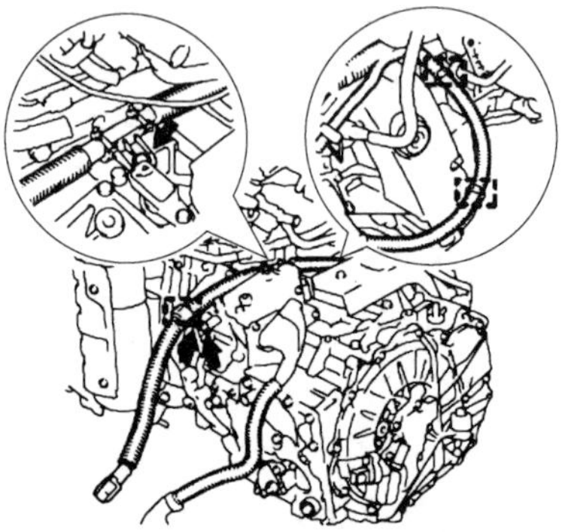

图6-16 拆卸自动变速器盖

④分离2个卡爪，并拆下变速器盖，如图6-17所示。

⑤从混合动力传动桥上拆下2个螺栓、卡子和自动变速器盖。

(10)拆卸HV传动桥质量阻尼器和衬垫，如图6-18。

图6-17 拆下分离卡爪

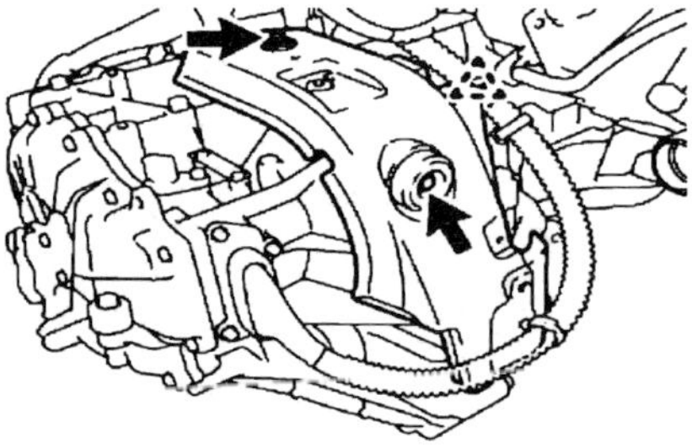

图6-18 拆卸传动桥质量阻尼器

(11)拆卸变速器油泵盖螺塞，拆下2个变速器油泵盖螺塞和2个O形圈。

(12)拆卸冷却液软管。从混合动力传动桥上断开卡夹和冷却液软管，如图6-19所示。

(13)拆卸发动机前悬置支架，拆下3个螺栓和发动机悬置支架。

(14)拆卸混合动力车辆传动桥总成，如图6-20所示。

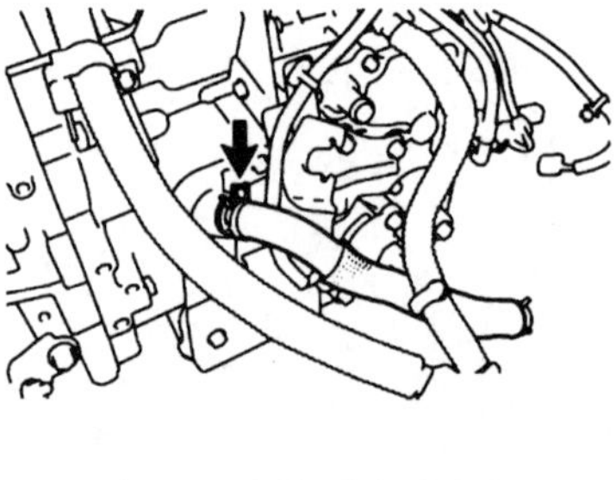

图6-19 拆卸冷却液软管

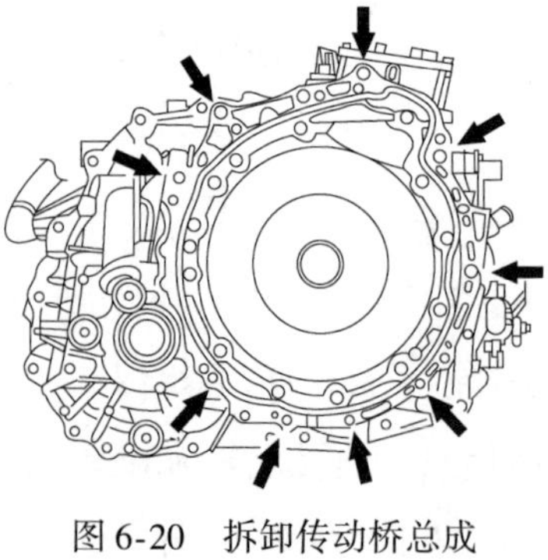

图6-20 拆卸传动桥总成

①拆下9个螺栓。

②分离并拆下混合动力车辆传动桥。

注意：不要在传动桥总成和发动机之间过度撬动，以防止损坏锁销。

(15)拆卸变速器输入减振器总成。

①使用专用工具 SST，固定曲轴，如图 6-21 所示。

②从飞轮上拆下 6 个螺栓和变速器输入减振器如图 6-22 所示。

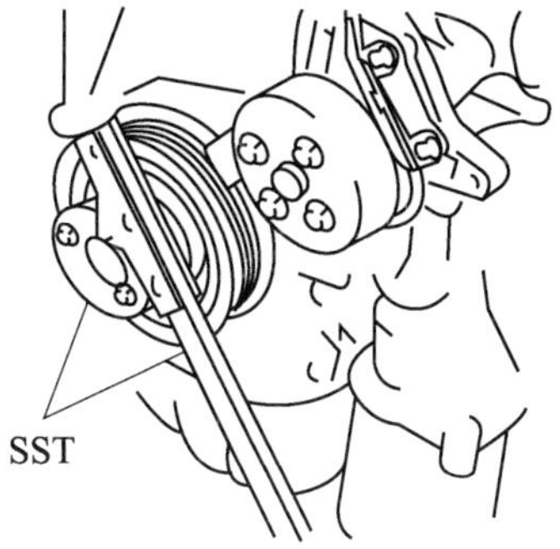

图 6-21　固定曲轴

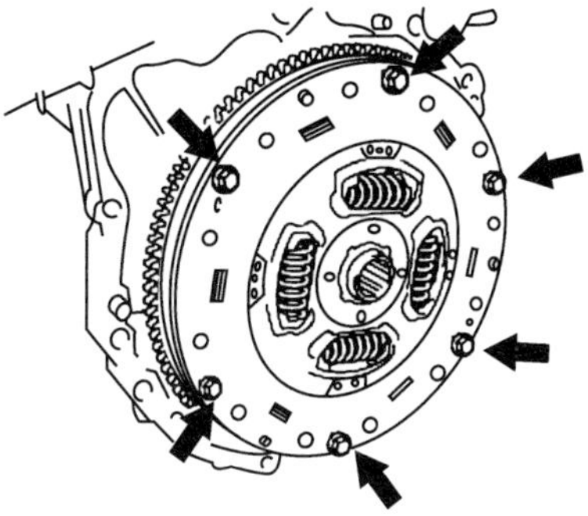

图 6-22　拆卸输入减振器

拆下输入轴减振器检查，发现减振器有 2 个铆钉已经外露，导致出现“咔咔”的声音，更换新的输入减震器总成后试车，故障排除。

三、任务测试

(1)通过观察丰田凯美瑞传动系统台架及汽车整车，写出传动系统零部件的名称(图 6-23、图 6-24)。

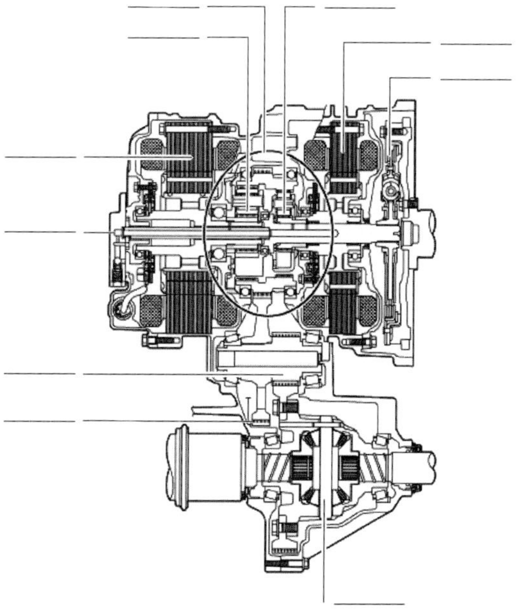

图 6-23　传动系统组成

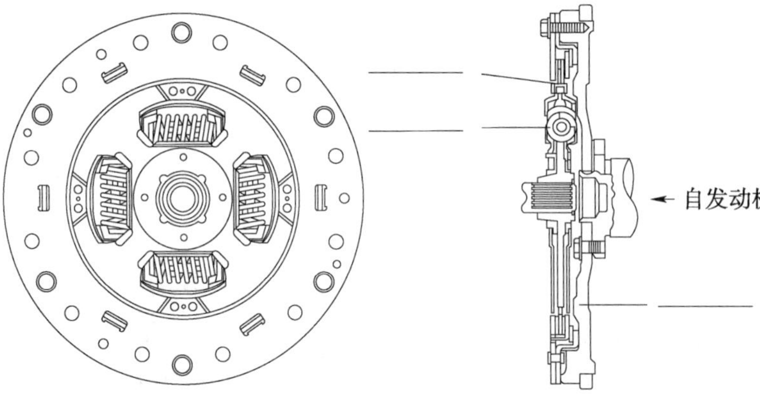

图 6-24　阻尼器

(2)小组合作,根据图 6-9 曲轴位置传感器电路图,在实车上进行测量,完成表 6-6、表 6-7。

断路检查测量表　　表 6-6

测试仪连接	规　定　值(Ω)	实　测　值(Ω)
C220 - 2—C64 - 68(Ne -)	<1	
C220 - 1—C64 - 69(Ne +)	<1	

短路检查测量表　　表 6-7

测试仪连接	规　定　值(kΩ)	实　测　值(kΩ)
C220 - 2 或 C64 - 68(Ne -)—车身搭铁	≥10	
C220 - 1 或 C64 - 69(Ne +)—车身搭铁	≥10	

判断结论:

项目三　电子动力转向系统检修

学习任务7　认识电子动力转向系统

学习目标

(1)描述电子动力转向系统的作用与类型。

(2)能描述电子动力转向系统的结构组成。

(3)熟悉电子动力转向系统的工作原理。

建议课时

4课时。

任务描述

王先生在丰田4S店给自己的爱车致炫做维护,遇到一位凯美瑞车主在看工作人员检查车辆的转向系统,小王发现对方的车转向系统跟自己的车不大一样。一番交流后,原来是凯美瑞混合动力汽车,小王便请教工作人员给自己介绍一下混合动力汽车的转向系统。

一、信息收集

(一)电子动力转向系统概述

1. 转向系统的作用

转向系统是指由汽车驾驶人操纵,能实现转向轮偏转和回位的一套机构,能按照驾驶人的意图改变汽车的行驶方向和保持汽车稳定的直线行驶。

2. 转向系统的类型

转向系统按有无助力可分为机械转向系统和动力转向系统两大类。

机械转向系统就是传统的没有助力的机械转向系统。

动力转向系统是利用发动机动能或蓄电池电能，经助力泵或电机，转换为液体压力或电机输出的机械能，从而增加驾驶人操控转向轮的力。动力转向系统按传力介质的不同，可分为液压动力转向、气压动力转向和电子动力转向三大类。以下介绍电子动力转向系统，简称 EPS。

3. 电子动力转向系统(EPS)的特点与类型

(1)能够在不同车速下给车辆提供转向助力，其助力特性的设计依据车速高低而不同，可以兼顾车辆低速行驶时的转向轻便性及车辆高速行驶时的转向稳定性，改善车辆的操纵稳定性。

(2)具有较好的燃油经济性。普通车辆的液压助力转向系统由发动机直接传动，即使在车辆不转向时其液压泵也一直工作，而 EPS 系统只在车辆转向时助力电机才提供转向助力，从而减少燃料消耗。

(3)助力与发动机的工作状况无关，其动力电机由动力电池供电，即使在发动机停机时也能提供转向助力。

(4)取消了液压泵、传动带、传动带轮、液压软管、液压油及密封件等，EPS 系统的零件数比液压转向系统减少，易于实现模块化设计和安装。

(5)没有液压装置和油管，无渗油、老化问题，使保修成本降低，污染减小。

(6)更易配置和检测，可以通过设置不同的程序快速与不同车型匹配，缩短开发和生产周期。

电子动力转向系统根据助力电机的安装位置不同，又可以分为转向轴助力式、齿轮助力式、齿条助力式三种。转向轴助力式 EPS 的电机固定在转向轴一侧，通过减速机构与转向轴相连，直接驱动转向轴动力转向。齿轮助力式 EPS 的电机和减速机构与小齿轮相连，直接驱动齿轮动力转向。齿条助力式 EPS 的电机和减速机构则直接驱动齿条提供动力。如图 7-1 所示按分类一共有三种形式。

4. 新能源汽车电子动力转向系统

新能源汽车电子动力转向系统与传统汽车的电子动力转向系统基本相同。由于纯电动汽车取消了发动机和混合动力车辆纯电动工况下发动机不工作，不能通过发动机驱动液压助力油泵的方式来实现液压助力。因此，大多数新能源汽车采用电子动力转向系统，即在原机械转向系统基础上安装一个电机，作为转向的辅助力。本任务将以凯美瑞混合动力汽车的电子动力转向系统为例,详细介绍新能源汽车电子动力转向系统。

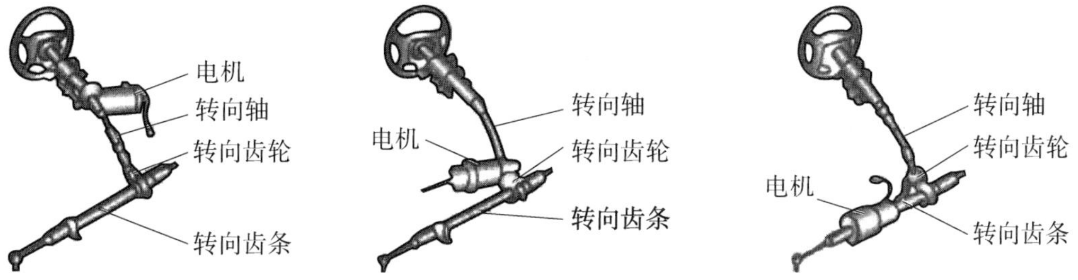

图 7-1　电子动力转向系统类型

(二)凯美瑞混合动力汽车的电子动力转向系统

1. 凯美瑞混合动力汽车电子动力转向系统的特点

凯美瑞混合动力汽车的电子动力转向(EPS)系统采用安装在转向齿条上的直流电机产生转矩来给转向助力。零件位置如图 7-2 所示,动力转向 ECU 根据传感器和 ECU 的信号计算转向助力的大小。动力转向 ECU 通过 CAN 和防滑控制 ECU、混合动力车辆控制 ECU 和主车身 ECU 保持通信。

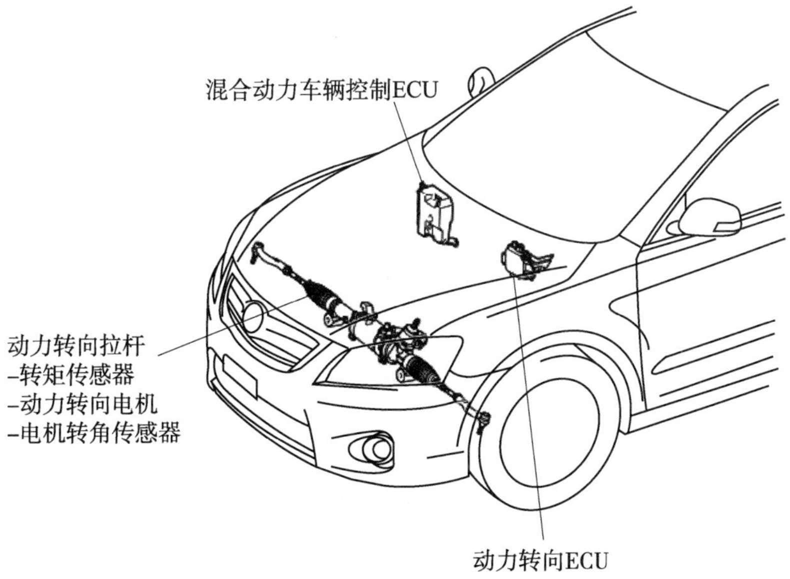

图 7-2　动力转向系统零件位置

凯美瑞混合动力汽车采用 VSC + 系统,该系统工作时,动力转向 ECU 收到防滑控制 ECU 的助力转矩请求信号后,立刻控制直流电机的助力转矩。

EPS 能够极大地提高燃油经济性,因为转向助力由安装在转向柱上的直流电机提供,因此电机只在需要动力转向时才消耗能量。与传统的液压助力转向系统不同,EPS 在可维修性方面有很大优势,它不需要管路、叶片泵、滑阀和动力转向液。

2. 凯美瑞混合动力汽车电子动力转向系统的组成

凯美瑞混合动力汽车的电子动力转向系统的组成如图 7-3 所示。

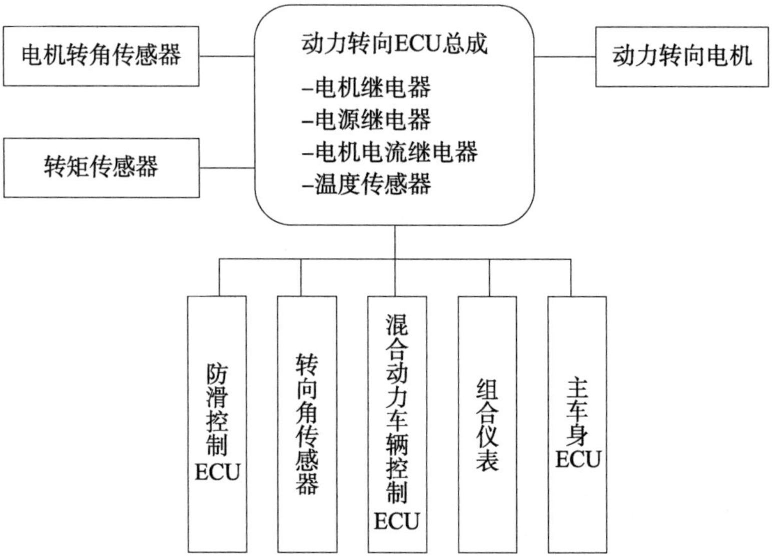

图 7-3　电子动力转向系统的组成

(1)转矩传感器。

转矩传感器安装在主轴输入轴和小齿轮轴输出轴上。输入轴和输出轴由一根扭转杆进行连接。转向盘转动时检测所产生的转向力矩,并把它转换为电信号来计算施加到扭转杆上的转矩,并将此信号输出到动力转向 ECU。转矩传感器如图 7-4 所示。

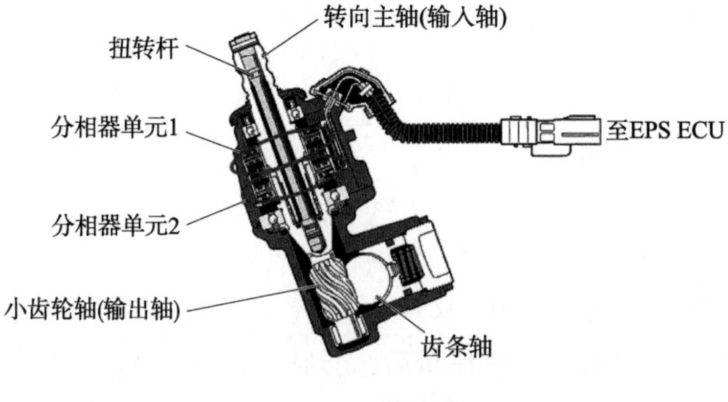

图 7-4　转矩传感器

(2)动力转向电机。

动力转向电机与齿条轴位于同一轴上。其旋转运动通过循环球螺母和钢球转换为转向齿条的直线运动。根据动力转向 ECU 的信号产生转向辅助力。动力转向组成,如图 7-5 所示。

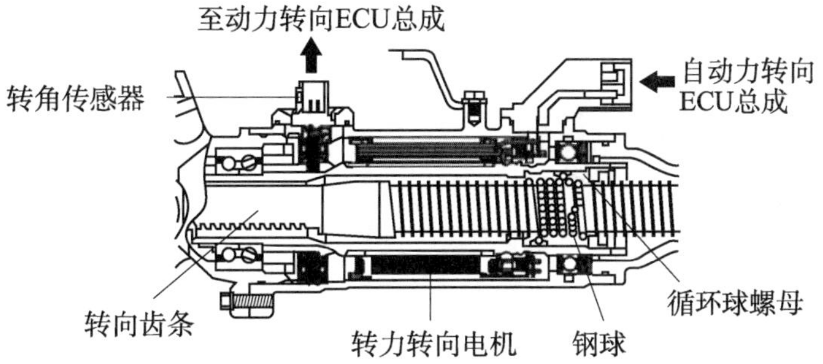

图 7-5　动力转向电机总成

(3)动力转向 ECU。

动力转向 ECU 根据转向转矩和车速计算所需的助力大小。根据从电机旋转角度传感器处获得的电机旋转角度,提高蓄电池电压以产生电机驱动电压。如果电机和 ECU 过热,则限制转向助力以保护系统。

(4)混合动力车辆控制 ECU。

混合动力车辆控制 ECU 作用是发送 READY 信号到动力转向 ECU,通知动力转向系统准备通电。

(5)制动防滑控制 ECU。

制动防滑控制 ECU 作用是将速度传感器的信号输出到动力转向 ECU,车辆稳定性控制系统工作时,制动防滑控制 ECU 发送助力转矩信号(根据联合控制传感器的信号计算出)到动力转向 ECU。

(6)主车身 ECU。

主车身 ECU 一收到动力转向 ECU 发出的系统故障信号,组合仪表就点亮主警告灯。主车身 ECU 位置如图 7-6 所示。

(7)电机转角传感器。

电机转角传感器主要功用是检测动力转向电机的转角。

3. 主要元件结构及其工作原理

(1)转矩传感器。

转矩传感器检测扭转杆扭转变形,并将其转变为电子信号并输出至动力转向 ECU,是电子动力转向系统的关键部件之一。转矩传感器由分相器单元 1、分相器单元 2 及扭转杆组成,如图 7-7 所示。

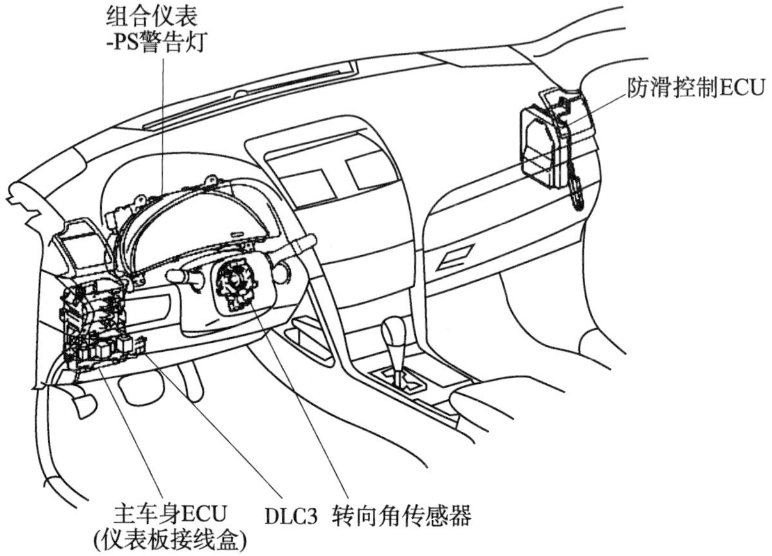

图 7-6　主车身 ECU 位置

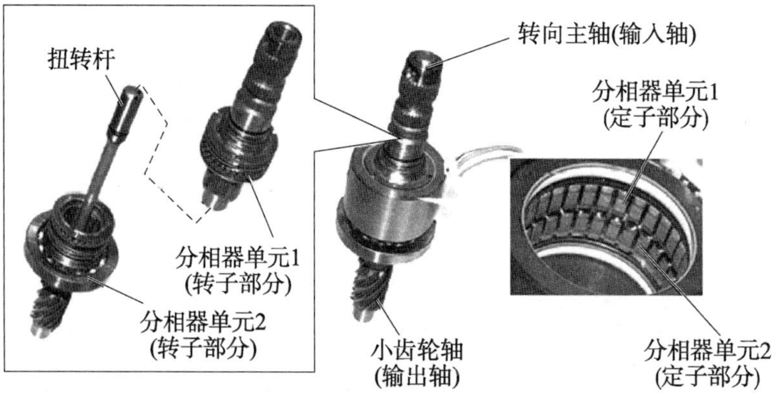

图 7-7　转矩传感器组成

转子部分的分相器单元 1 固定于转向主轴,转子部分的分相器单元 2 固定于转向小齿轮轴。当静止或直线行驶时分相器单元的转子部分输出定值信号,动力转向 ECU 不对动力转向电机提供电压;扭转杆扭转后,使两个分相器单元产生一个相对角度,动力转向 ECU 根据两个分相器的相对位置决定对动力转向电机提供多少电压。

(2)动力转向电机。

如图 7-8 所示,动力转向电机与齿条轴共轴,由转角传感器、定子及转子组成。其工作原理是将无刷动力转向电机和减速机构布置在齿条处,并直接驱动齿条实现助力。通过转角传感器检测电机的旋转角度防止转矩波动。

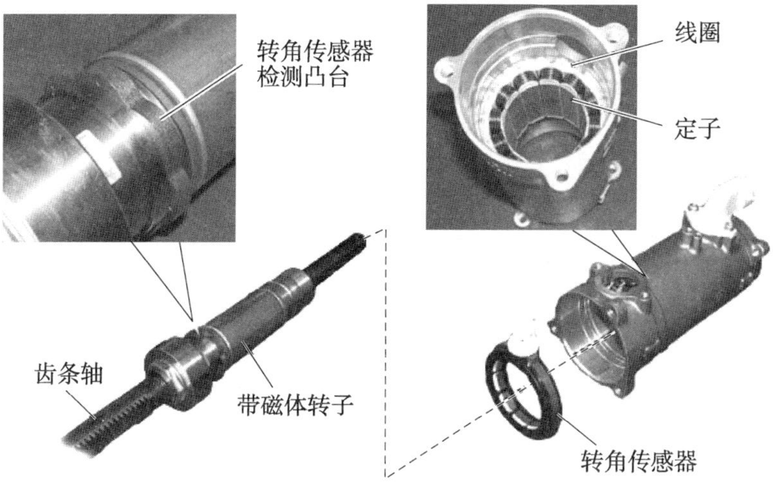

图 7-8　动力转向电机

(3)减速机构。

减速机构采用滚珠式减速齿轮机构,将其固定在动力转向电机的转子上。动力转向电机的转动传到减速机构,经过滚珠及蜗杆传到齿条轴上。滚珠在机构内部经过导向进行循环,如图 7-9 所示。

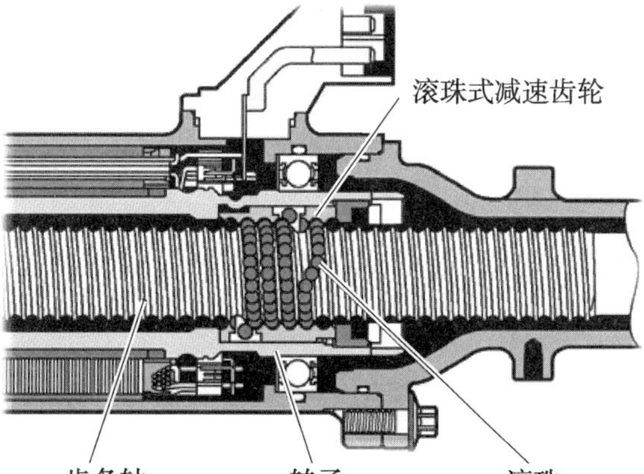

图 7-9　滚珠式减速齿轮机构

为降低动力转向电机的转速,以获得更大的转矩,采取了与电机转子内壳配套的循环滚珠式减速装置。极小的钢珠在四个极光滑的槽内循环滚动减速,将动力传递给齿条轴做直线运动,推动两个转向轮左右摆动,以驱动汽车进行转向。由于钢珠极小,在精细加工的导槽内循环滚动,故传动噪声极微。

(4)电机转角传感器。

如图 7-10 所示,该传感器属于电磁感应式传感器,能将转向电机的转向角度信号输出到控制单元。这个传感器转子为凸极式,转子与电机转子是连成一体的。定子线圈呈圆环状,套在转子外,通过电磁感应原理,检测出转子的转角。

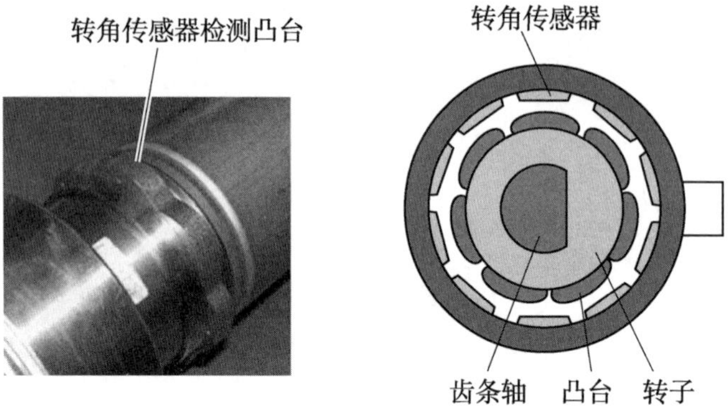

图 7-10　电机转角传感器

4. EPS 系统的工作原理

(1)转矩传感器安装在主轴输入轴和小齿轮轴输出轴上,输入轴和输出轴由一根扭转杆进行连接。

(2)如果转动转向盘,扭转杆扭转,则导致转矩传感器检测到电机转角差。动力转向 ECU 总成根据此转角差来计算转矩。

(3)根据车速和上一步得到的转矩值,动力转向 ECU 总成计算正确的辅助转矩值。然后,ECU 控制电机驱动电路使之产生辅助转矩。

(4)将循环球螺母安装到电机轴上。它通过钢球将电机的旋转运动转换为转向齿条的直线运动。

(5)以上过程中产生的辅助力将降低驾驶人所需施加的转向力矩。

5. 动力转向 ECU 的其他控制功能

(1)EPS 控制。

动力转向 ECU 接收各传感器的信号,判断车辆当前状况,并测定施加到直流电机上相应的助力电流。对于装有 VSC +(增强型车辆稳定控制)系统的车型,根据防滑控制 ECU 的信息,动力转向 ECU 和防滑控制 ECU 一起联合控制转向助力扭矩,使驾驶人的转向操作灵便,因此提高了转向稳定性。

(2)动力转向 ECU 温度传感器及温度控制。

动力转向 ECU 中的温度传感器用于检测 ECU 是否过热。如果温度传感器检测到 ECU 过热,则直流电机上的助力电流减小以降低温度。

(3)自诊断功能。

如果动力转向 ECU 检测到 EPS 系统的故障,则与出现故障的功能相关的主警告灯点亮,提示驾驶人出现故障。同时,DTC(故障代码)被存储到存储器中。DTC 可以用专用智能测试仪来读取。

(4)安全保护。

如果动力转向 ECU 检测到 EPS 系统的故障,则组合仪表上的主警告灯点亮,并且蜂鸣器鸣叫。出现故障时,安全保护功能会被激活,ECU 会影响各种控制。

二、任务实施

(一)准备工作

(1)针对本实训室的凯美瑞混合动力汽车和纯电动汽车的转向系统,每个小组做出一份检查组成及工作过程的实训计划。

(2)需准备的具体材料见表 7-1。

需准备材料表　　表 7-1

类　别	序　号	名　称	数　量
学材、教材	1	新能源汽车底盘检修学材、工作页	50
实训设备	2	纯电动汽车转向系统台架	2
	3	凯美瑞混合动力整车,举升机	2
实训环境	4	新能源汽车一体化教学场地	1

(二)技术要求与注意事项

(1)对高压系统进行操作时首先应将车辆电源开关关闭。

(2)戴好绝缘手套(戴绝缘手套前一定要先检查手套,不能有破损,哪怕针眼大的破损也不行,不能有裂纹,不能有老化的迹象,也不能是湿的)。

(3)将辅助蓄电池的负极电缆断开(在此之前应先查看故障码,有必要的话将故障码保存或记录下来,因为与传统发动机汽车一样,断开蓄电池负极,电缆故障码将被清除)。

(4)拆下维修塞,并将维修塞放在自己的衣袋里妥善保管,这样可以避免其他人员误将维修塞装回原处,造成意外。

(5)拆下维修塞后不要操作电源开关,否则可能损坏混合动力 ECU。

(6)拆下维修塞后至少将车辆放置 5min 再进行其他操作,因为至少需要 5min 的时间对变频器内的高压电容器进行放电。

(7)在进行高压系统作业时,应在醒目的地方摆放警示标志,以提醒他人注意安全。

(8)不要随身携带任何金属物体或其他导电体,以免不小心掉落引起线路短路。

(9)拆下高压配线后应立刻用绝缘胶带将其包好,保证其完全绝缘。

(10)一定要按规定拧紧力矩将高压螺钉端子拧紧,拧紧力矩过大或过小都有可能导致故障。

(11)完成对高压系统的操作后,在重新安装维修塞前,应再次确认在工作平台周围没遗留任何零件或工具,并确认高压端子已拧紧,连接器已插好。

(三)操作步骤

(1)通过观察凯美瑞混合动力汽车电子动力转向系统查看其类型和主要组成。

(2)通过观察纯电动汽车电子动力转向系统台架查看其类型和主要组成。

三、任务测试(工作页)

(1)填写图7-11中电子动力转向系统各零部件的名称。

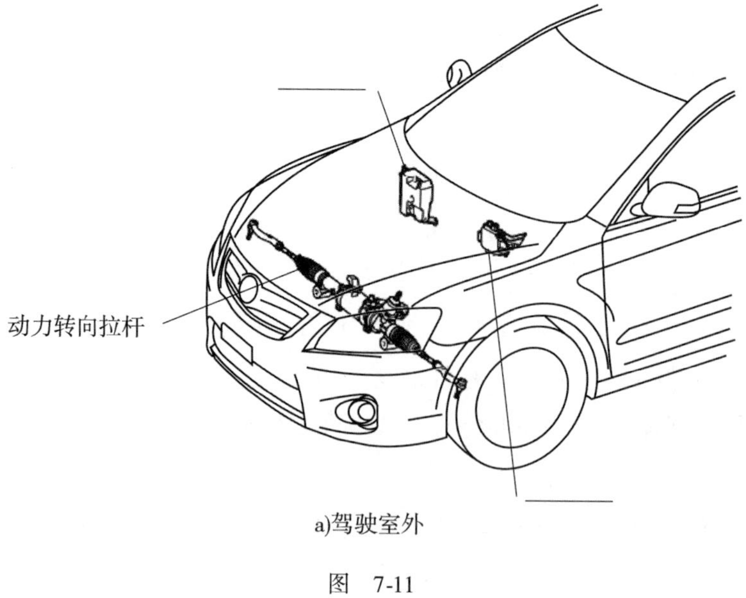

a)驾驶室外

图 7-11

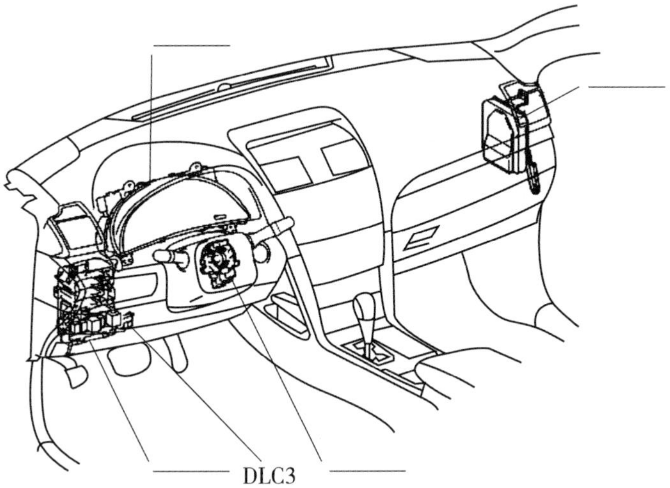

b)驾驶室内

图 7-11　动力转向系统组成

(2)完成动力转向系统框图(图 7-12)。

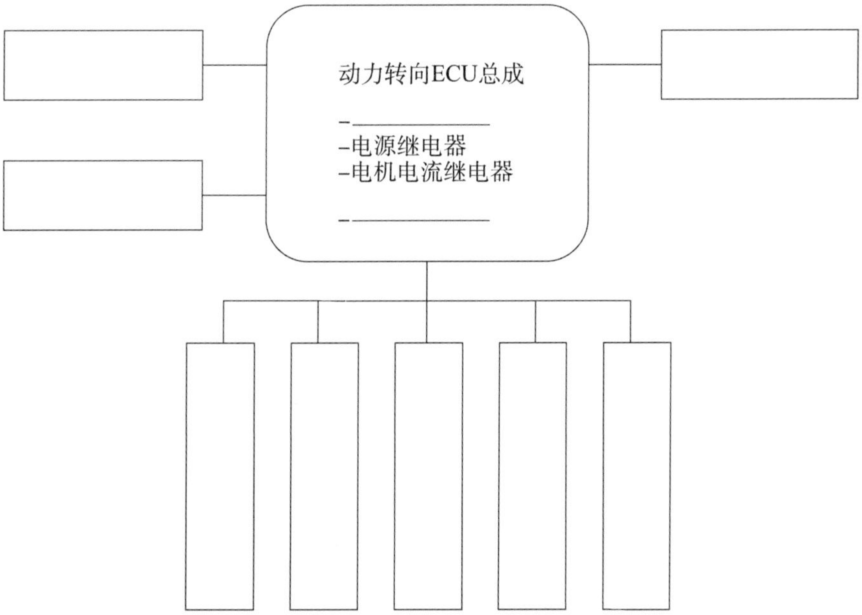

图 7-12　动力转向系统框图

(3)填写电子动力转向系统零部件的名称(图 7-13 ~ 图 7-18)。

①转矩传感器。

②动力转向电机总成。

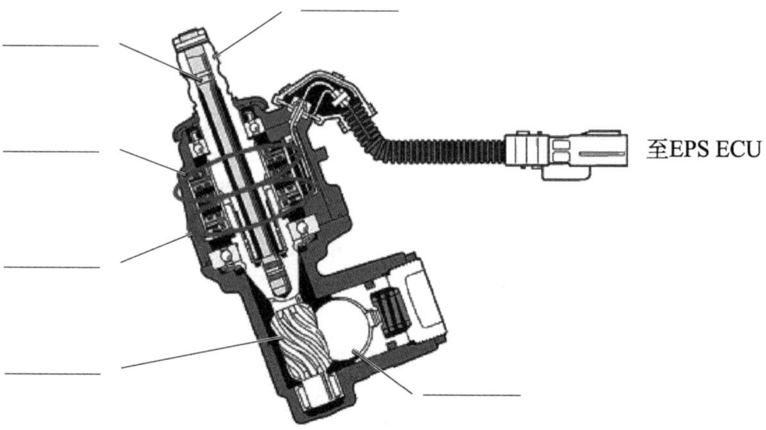

图 7-13　转矩传感器

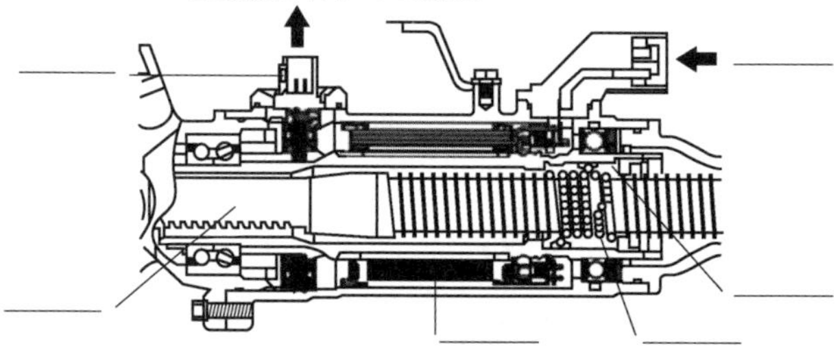

图 7-14　动力转向电机总成

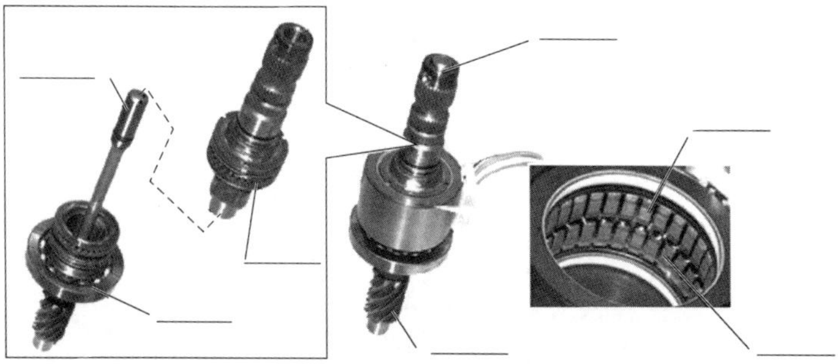

图 7-15　转矩传感器组成

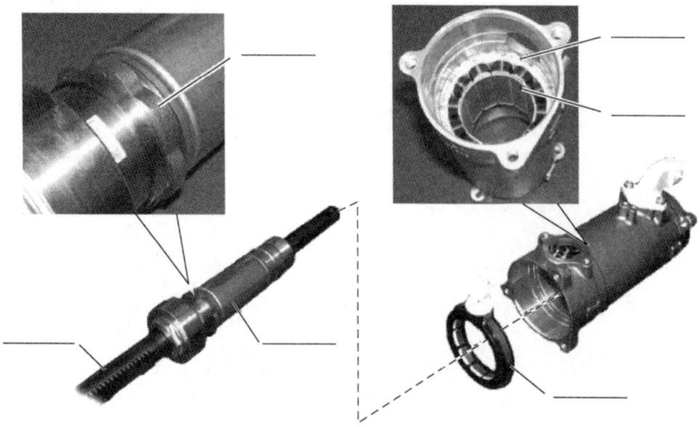

图 7-16　动力转向电机

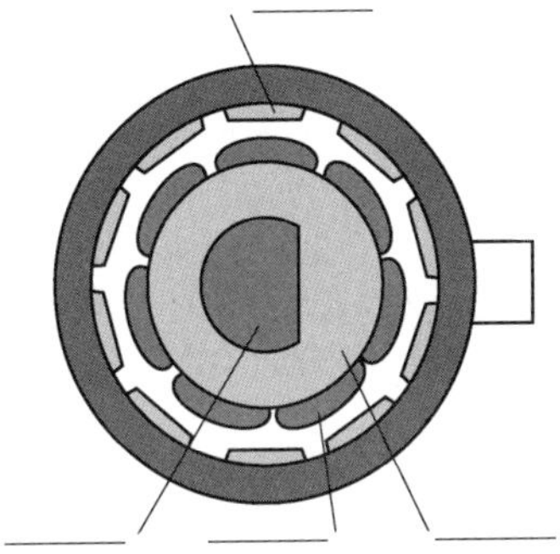

图 7-17　转角传感器

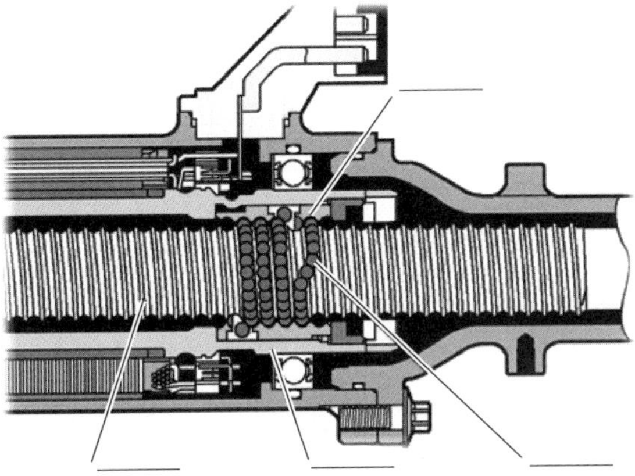

图 7-18　滚珠式减速齿轮机构

学习任务 8　检修电子动力转向系统转向沉重故障

学习目标

(1)能够使用汽车专用诊断仪对电子动力转向系统进行故障诊断。

(2)能独立完成电子动力转向系统的部件拆卸与安装。

(3)能分析并判断电子动力转向系统转向沉重故障的原因。

(4)能对电子动力转向系统电子元件的性能进行检测。

(5)能排除电子动力转向系统转向沉重故障。

建议课时

6 课时。

任务描述

一辆 2010 年款丰田凯美瑞混合动力轿车,在车辆起动运行后出现原地打转向盘吃力、转向困难的现象,在道路行驶时发现转向盘很沉重。车主将该车送入丰田 4S 店进行故障检修。作为一名汽车修理工,你将与你的维修团队一起为车主检修并排除该车电子动力转向系统转向困难的故障。

一、信息收集

(一)动力转向系统常见故障及原因

混合动力汽车的动力转向系统常见故障与普通汽车的动力转向系统常见故障相类似,其常见的故障主要为转向困难、转向回正性差、转向自由行程过大及转向异响等。

1. 转向沉重

(1)故障现象:汽车原地打方向困难,车辆行驶中打方向沉重。

(2)故障原因:

①车辆轮胎气压偏低。

②车辆前轮定位错误。

③转向系统万向节磨损严重。

④车辆前悬架的下球节有故障。

⑤转向系统的转向柱有卡滞。

⑥动力转向电机存在故障。

⑦动力转向电控系统的转矩传感器、转速传感器、动力转向 ECU 等存在故障。

⑧动力转向 ECU 的电源和继电器存在电路故障。

2. 转向回正性差

(1)故障现象:汽车在由转弯状态行驶到平直路面时,转向盘自动回正效果差或不能自动回正。

(2)故障原因:

①车辆轮胎充气不当,气压不符合标准。

②车辆前轮定位错误。

③转向系统的转向柱有卡滞。

④动力转向电机存在故障。

⑤动力转向电控系统的转矩传感器、转速传感器、动力转向 ECU 等存在故障。

3. 转向自由行程过大

(1)故障现象:车辆行驶中转动转向盘,感觉转向轮反应迟滞,转向盘“路感”差。

(2)故障原因:

①转向系统万向节磨损严重。

②前桥悬架臂球节磨损严重。

③转向中间轴、万向节、滑叉等磨损严重。

④车辆前轮轴承磨损严重。

⑤动力转向电机存在故障。

4. 转向系统异响

(1)故障现象:汽车原地打方向或行驶中打方向均有异常响声,停止打方向异响消失。

(2)故障原因:

①转向系统万向节磨损严重。

②动力转向拉杆总成磨损。

③转向柱总成故障。

④动力转向机存在故障。

(二)动力转向系统故障诊断与维修的工作流程

动力转向系统故障诊断与维修工作流程如图 8-1 所示。

(三)动力转向系统主要元件的拆卸与安装

1. 动力转向机总成(动力转向拉杆)的拆卸与安装

动力转向机的安装位置如图 8-2 所示。

(1)从车上拆下动力转向机总成的操作步骤。

①为客户维修车辆安放维修四件套,包括转向盘护套、挂挡杆护套、座椅护套、脚垫等。

②转动转向盘至正中位置,使车辆的前轮朝向正前方。

③拆下蓄电池负极端子电缆(注意:重新连接电缆后,某些系统要进行初始化)。

④拆卸汽车的前轮。

⑤用安全带将转向盘进行固定以防止其转动(该操作目的是防止后续拆卸过程中造成螺旋电缆损坏),如图 8-3 所示。

⑥分离转向中间轴总成。

⑦分离左侧横拉杆总成。拆下开口销和螺母后,将 SST 专用工具安装到横拉杆接头上,如图 8-4 所示,使用 SST 将转向节和横拉杆接头分离,如图 8-5 所示。

使用专用工具 SST 分离左侧横拉杆总成注意事项:将 SST 固定到转向节上时,一定要用细绳将 SST 拴住以防其掉落,安装 SST 使 *A* 面和 *B* 面平行,一定要将扳手置于图中所示部位,不要损坏前盘式制动器防尘罩,不要损坏球节防尘罩,不要损坏转向节。

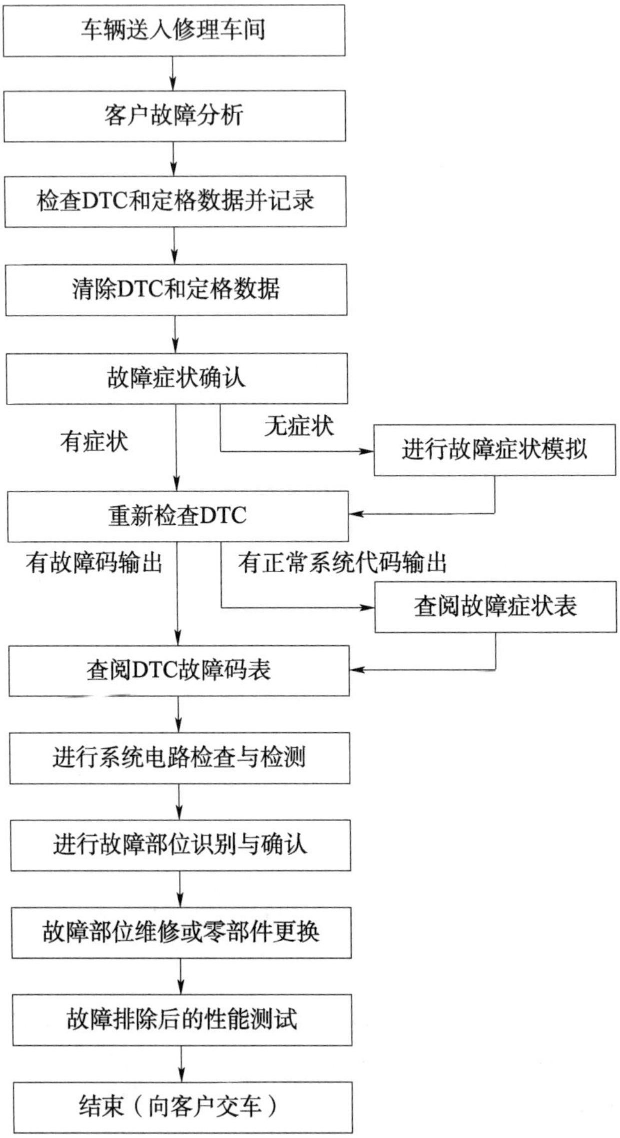

图 8-1　动力转向系统故障检修流程图

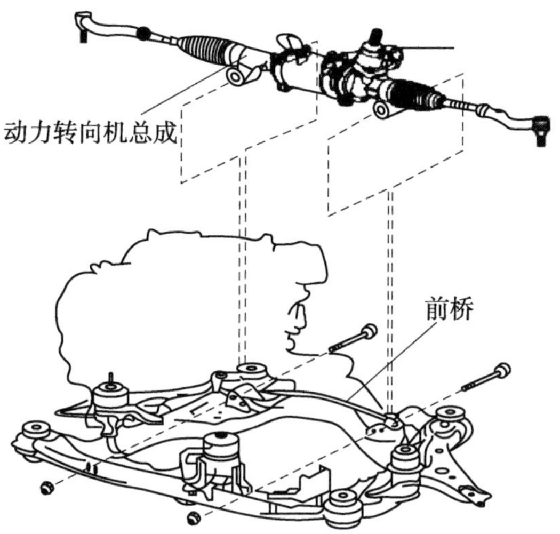

图 8-2　动力转向机总成与前桥安装位置

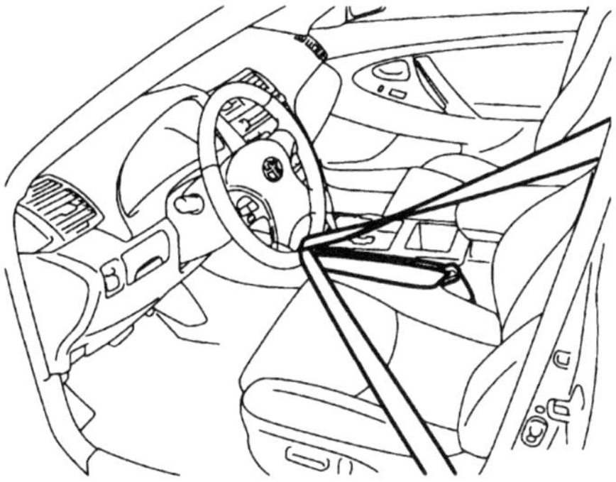

图 8-3　安全带固定转向盘

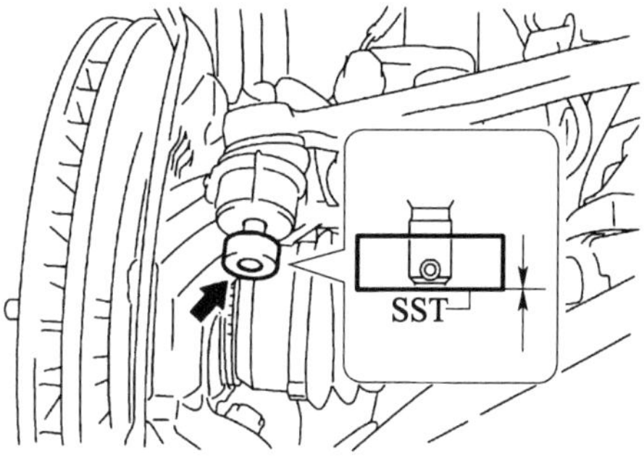

图 8-4　SST 安装到横拉杆接头

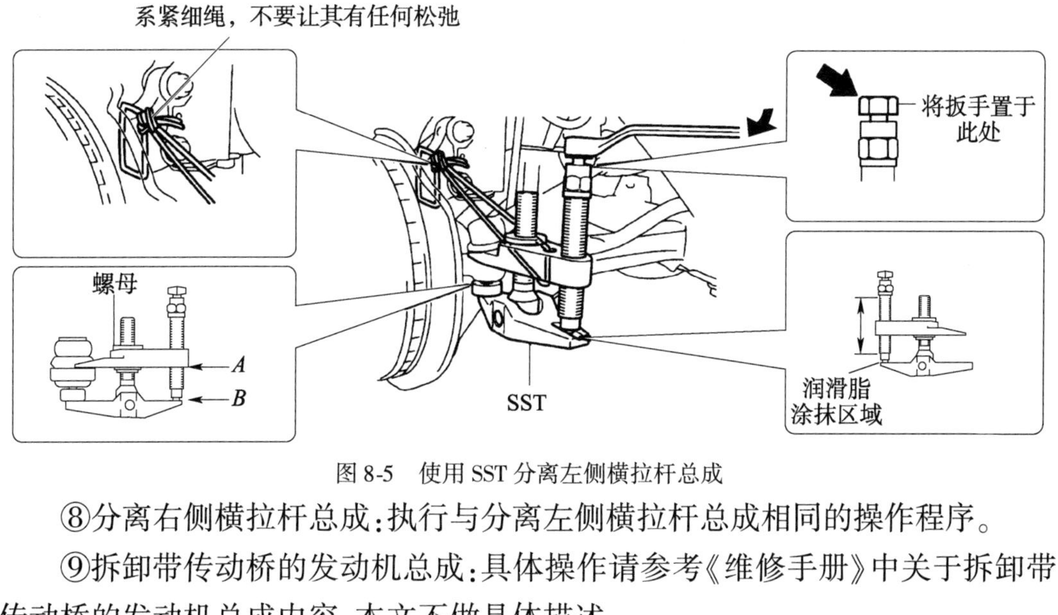

图 8-5　使用 SST 分离左侧横拉杆总成

⑧分离右侧横拉杆总成:执行与分离左侧横拉杆总成相同的操作程序。

⑨拆卸带传动桥的发动机总成:具体操作请参考《维修手册》中关于拆卸带传动桥的发动机总成内容,本文不做具体描述。

⑩拆卸左前稳定杆 1 号支架。

⑪拆卸右前稳定杆 1 号支架。

⑫拆卸前稳定杆。

⑬拆卸动力转向机总成。从前车架总成上拆下 2 个螺栓、2 个螺母和动力转向机总成如图 8-6 所示。

注意：因为螺母有它自己的挡块，所以不要转动螺母。松开螺栓时要把螺母固定住。

(2)动力转向机总成的拆解。

①固定动力转向机总成。使用 SST 专用工具，紧固动力转向拉杆总成。使用前，应用胶带缠绕 SST，如图 8-7 所示。

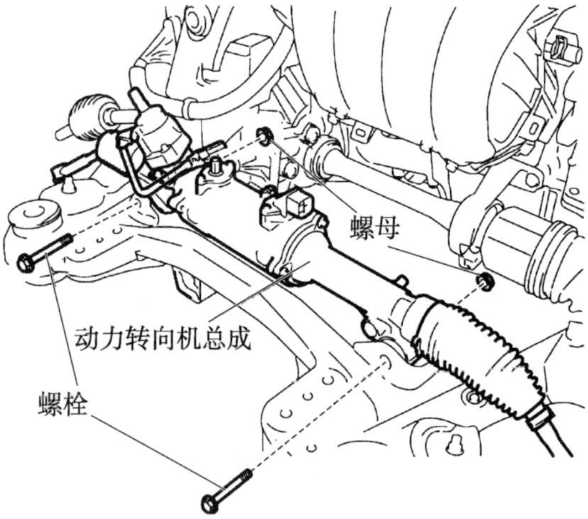

图 8-6　拆卸动力转向机总成

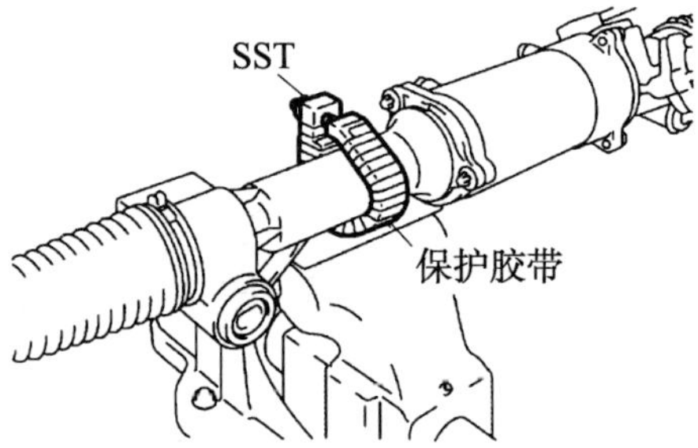

图 8-7　固定动力转向机总成

②拆卸左侧横拉杆总成。在左侧横拉杆总成和转向齿条接头分总成上做装配标记，如图 8-8 所示。松开锁紧螺母，并拆下左侧横拉杆总成和锁紧螺母。

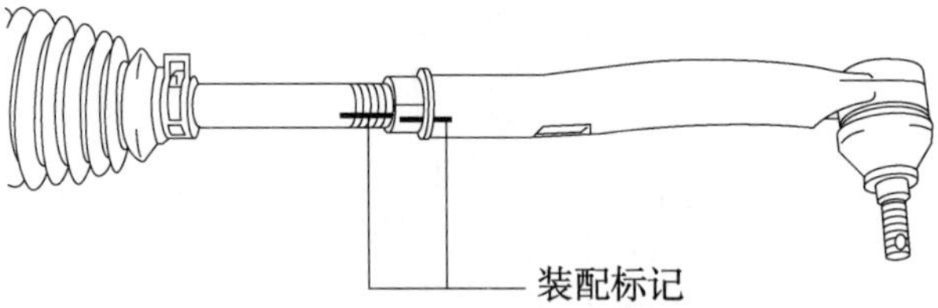

图 8-8　横拉杆装配标记

③拆卸右侧横拉杆总成。与拆卸左侧相同的操作程序。

④拆卸转向齿条防尘套卡子。使用钳子，拆下 2 个转向齿条防尘套卡子。

⑤拆卸转向齿条防尘套卡夹。如图 8-9 所示，使用钳子和螺丝刀，拆下 2 个转向齿条防尘套卡夹。

注意：小心操作，不要损坏转向齿条防尘套。

⑥拆卸转向齿条的两个防尘套。

⑦拆卸转向齿条接头分总成。使用螺丝刀和锤子,松开右侧和左侧卡爪垫圈,如图 8-10 所示。操作时应注意:避免对转向齿条的任何撞击。使用 SST,拆下转向齿条接头分总成(右侧)和卡爪垫圈,如图 8-11 所示。使用 SST 拆下转向齿条接头分总成(左侧)和卡爪垫圈,如图 8-12 所示。

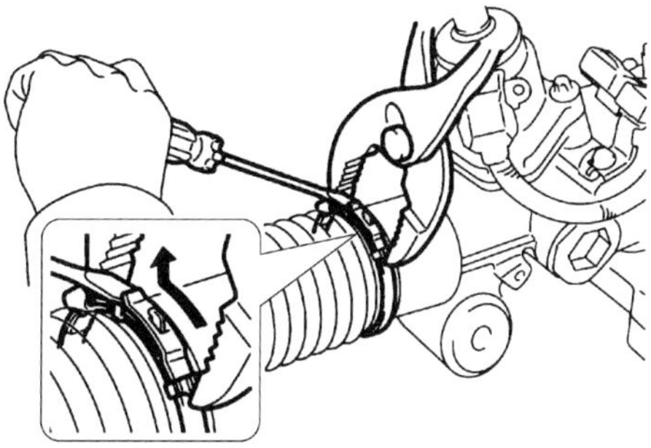

图 8-9　拆卸转向齿条防尘套卡夹

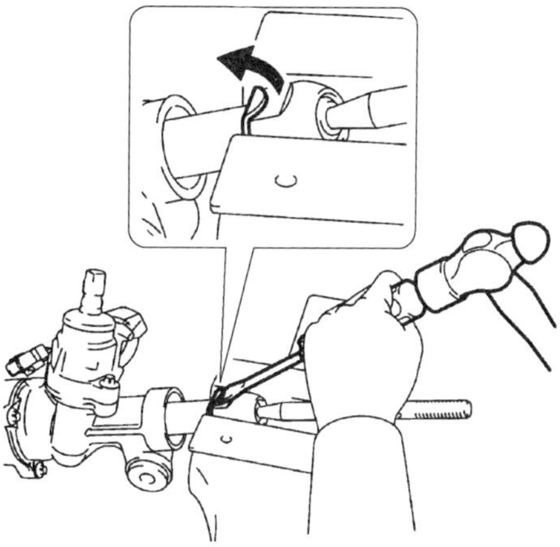

图 8-10　松开右侧和左侧卡爪垫圈

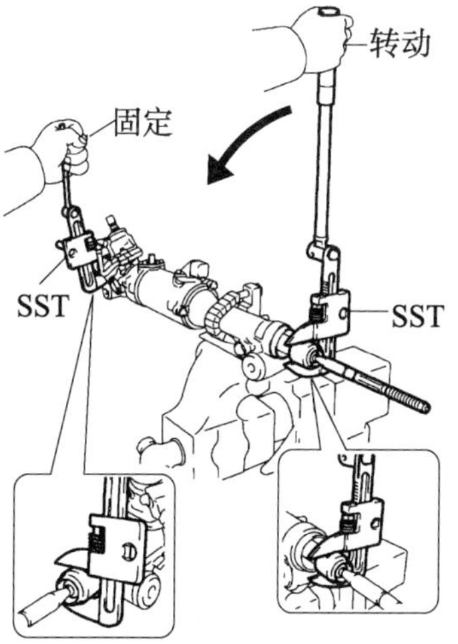

图 8-11　拆下右侧转向齿条接头分总成

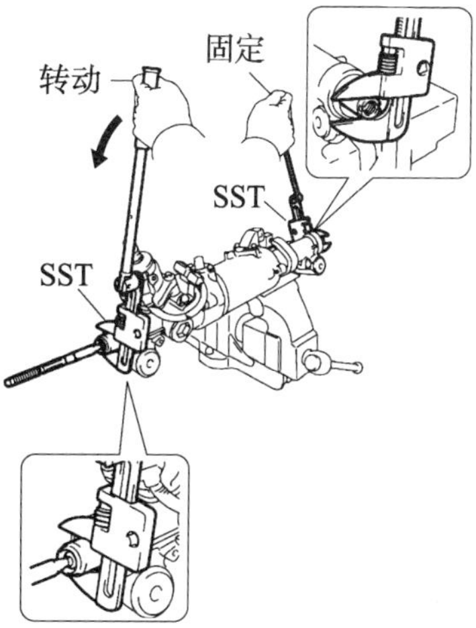

图 8-12　拆下左侧转向齿条接头分总成

⑧动力转向机总成拆解完毕,拆解后的结构如图 8-13 所示。

(3)动力转向机总成的装配按拆解的相反顺序进行。装配时应注意各固定螺栓或螺母应按《维修手册》规定力矩拧紧,安装完毕后应初始化转角传感器并校准扭矩传感器零点。

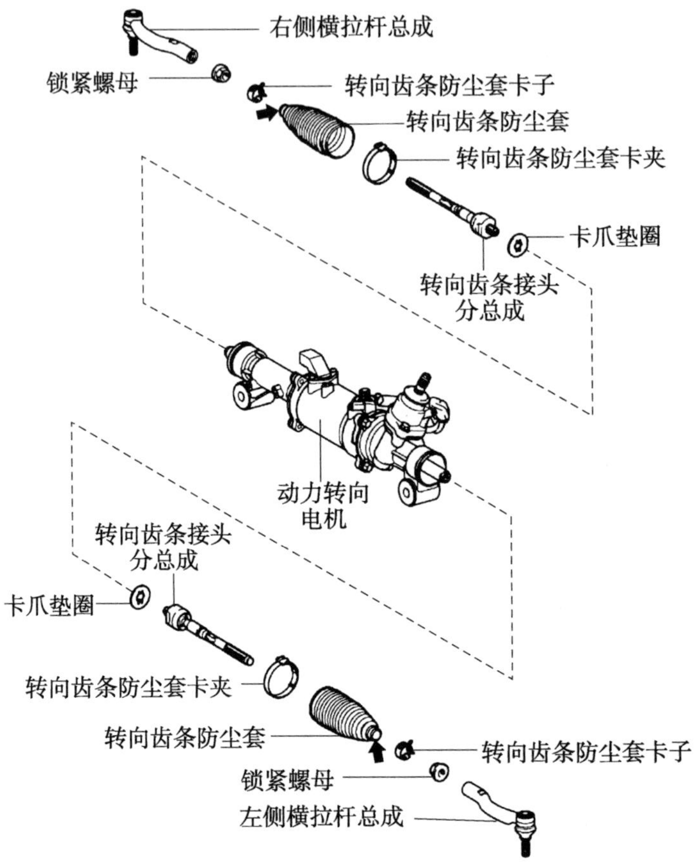

图 8-13　动力转向机总成拆解结构

2. 动力转向 ECU 的拆卸与安装

丰田凯美瑞混合动力轿车的动力转向 ECU 安装于车辆发动机舱左侧(驾驶人侧)左前悬架部位,如图 8-14 所示。拆卸该车动力转向 ECU 请遵循如下操作步骤:

(1)从蓄电池负极端子上断开电缆。

注意:断开并重新连接电缆后,某些系统需要初始化。

(2)分离制动主缸储液罐分总成。拆下 2 个螺栓并分离制动主缸储液罐分总成,如图 8-15 所示。

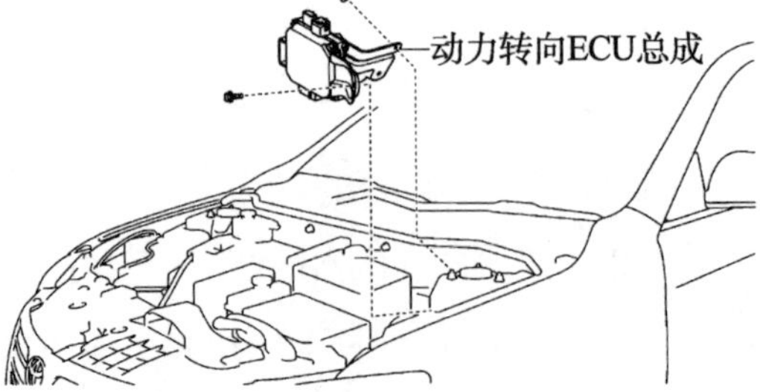

图 8-14　动力转向 ECU 安装位置

(3)拆卸挡风玻璃刮水器电机及连杆总成。

(4)拆卸前围上外板分总成。分离 2 个软管卡夹,拆下 4 个螺母、4 个螺栓和前围上外板分总成,如图 8-16 所示。

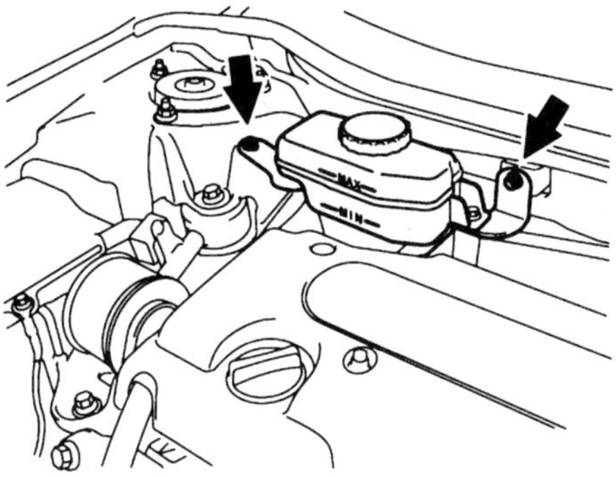

图 8-15　分离制动主缸储液罐分总成

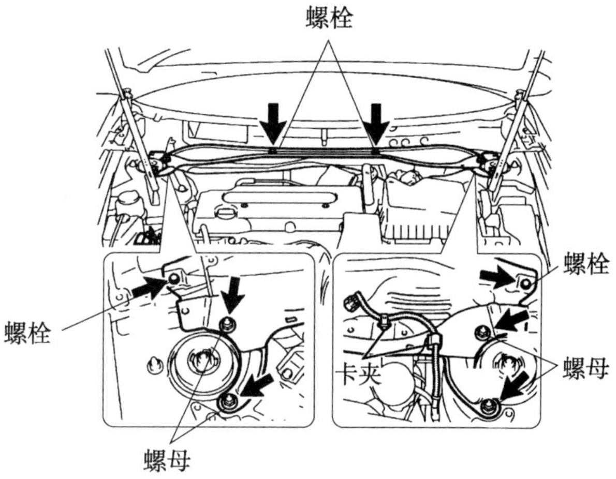

图 8-16　拆卸前围上外板分总成

(5)拆卸发动机 1 号盖分总成。

(6)拆卸冷气进气管密封。

(7)拆卸空气滤清器进气口总成。

(8)拆卸空气滤清器盖分总成。

(9)拆卸空气滤清器滤芯分总成。

(10)拆卸空气滤清器壳分总成。

(11)拆卸动力转向 ECU 总成:

①断开连接器并从动力转向 ECU 总成上分离软管卡夹,如图 8-17 所示。

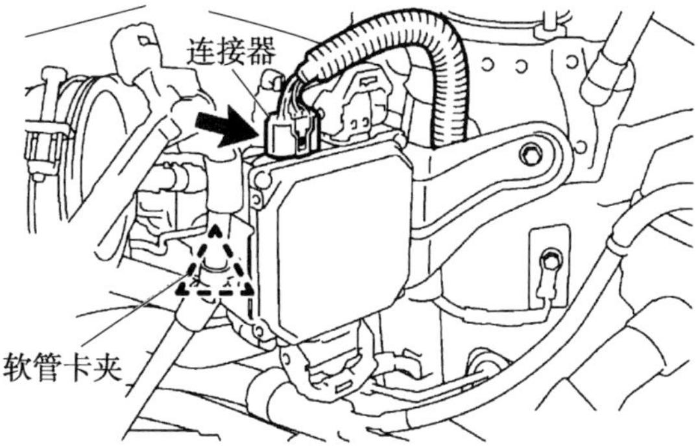

图 8-17　连接器与软管卡夹

②松开 2 个动力转向 ECU 总成连接器锁并断开连接器,如图 8-18 所示。

③拆下螺栓、2 个螺母和动力转向 ECU 总成,如图 8-19 所示。

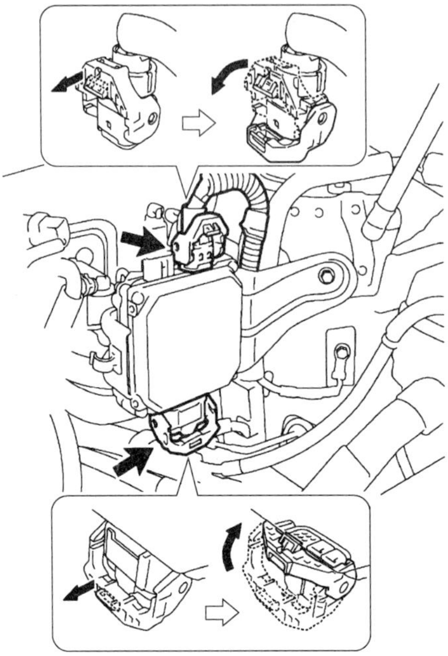

图 8-18　松开连接器锁

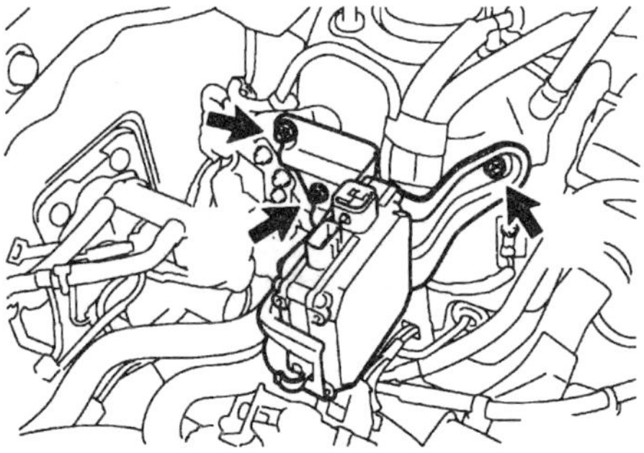

图 8-19　拆下动力转向 ECU 总成

(12)动力转向总成 ECU 的安装按拆卸的相反顺序操作。

安装注意事项:各固定螺栓或螺母应按《维修手册》规定力矩拧紧,安装完毕后应初始化转角传感器并校准扭矩传感器零点。

(四)动力转向系统检修注意事项

进行汽车动力转向系统的检查、零部件拆卸与安装时,应注意以下几点:

(1)检修汽车动力转向系统应按照《维修手册》要求进行,否则将因操作不当可能影响转向系统的性能并导致驾驶时出现危险。

(2)在进行转向盘的更换或拆装时,应切断 SRS 气囊系统电路,按照车辆辅助约束系统(SRS)维修注意事项的正确顺序进行操作,避免在车辆方向盘拆卸过程中气囊的意外引爆。

(3)拆卸和安装动力转向拉杆总成时,一定要将前轮转向正前方,即转向盘转至中间位置。

(4)如果断开转向中间轴分总成和动力拉杆总成,则开始操作前一定要做好装配标记。

(5)更换动力转向拉杆总成或动力转向 ECU 总成后,应按《维修手册》指引清除转角传感器校准值、初始化转角传感器并校准传感器零点。

(6)断开并重新连接蓄电池负极端子电缆后,需要对电子动力转向系统进行初始化操作。

(五)动力转向系统主要元件的检查与检测

1. 诊断系统 DLC3 诊断座的检查

丰田凯美瑞混合动力汽车的动力转向 ECU 使用 ISO 15765-4 通信协议,其诊断系统的 DLC3 诊断座的端子布局符合 SAE J1962 标准,并与 ISO 15765-4 格式匹配。该诊断座安装位置见图 8-20,其主要端子布局如图 8-21 所示。使用万用表对 DLC3 的相关端子进行电压或电阻的检测,应满足表 8-1 的技术要求。

注意:测量电阻前,静置车辆至少 1min,不要操作电源开关、其他任何开关或车门。

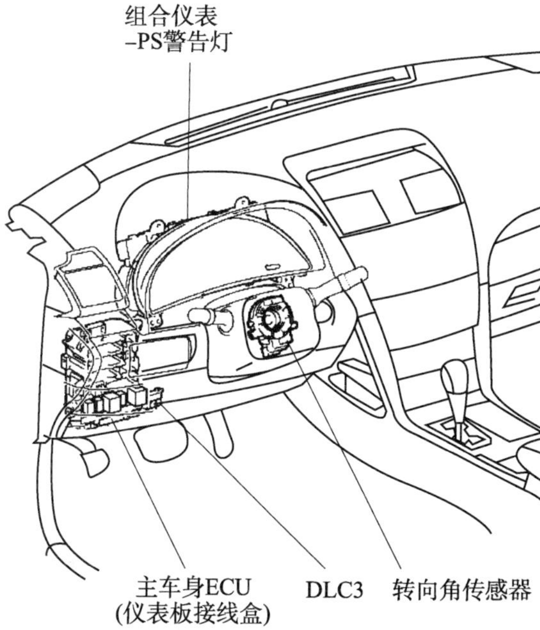

图 8-20　DLC3 诊断座位置

如果结果不符合规定,则 DLC3 可能有故障。维修或更换线束连接器。

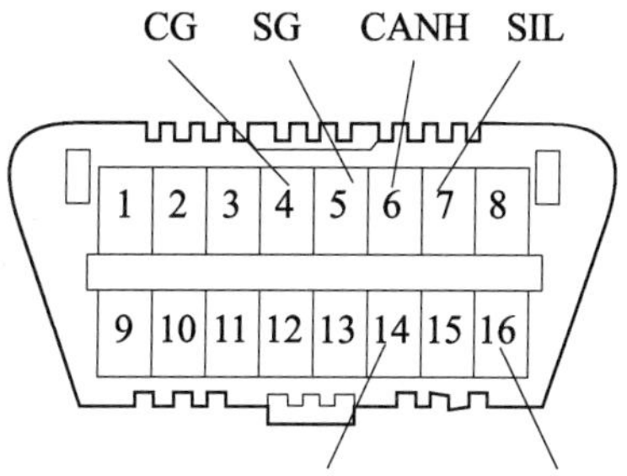

图 8-21　DLC3 主要端子布局

操作提示:将智能检测仪连接到 DLC3,将电源开关置于 ON(IG)位置,并尝试使用智能检测仪。如果显示屏指示出现通信故障,则车辆或智能检测仪有故障。如果智能检测仪连接到其他车辆上时通信正常,则应检查原车辆的 DLC3。如果智能检测仪连接到其他车辆后仍然不能进行通信,则检测仪本身可能有故障。

DLC3 诊断座端子含义及技术标准 表 8-1

符号(端子编号)	端子描述	条件	标准值
SIL(7)—SG(5)	总线"+"线路	传输过程中	产生脉冲
CG(4)—车身搭铁	底盘搭铁	始终	<1Ω
SG(5)—车身搭铁	信号搭铁	始终	<1Ω
BAT(16)—车身搭铁	蓄电池正极	始终	11~14V
CANH(6)—CANL(14)	CAN 总线	电源开关置于 OFF 位置	54~69Ω
CANH(6)—CG(4)	高电平 CAN 总线	电源开关置于 OFF 位置	≥200Ω
CANL(14)—CG(4)	低电平 CAN 总线	电源开关置于 OFF 位置	≥200Ω
CANH(6)—BAT(16)	高电平 CAN 总线	电源开关置于 OFF 位置	≥6Ω
CANL(14)—BAT(16)	低电平 CAN 总线	电源开关置于 OFF 位置	≥6Ω

2. IG 电源电压的检测

将智能检测仪连接到 DLC3 诊断座。将电源开关置于 ON(IG)位置。打开智能检测仪。进入以下菜单:Chassis/EMPS/Data List。检查检测仪屏幕上的 IG 电源电压应为 10~14V 之间。

3. 动力转向 ECU 的检测

(1)动力转向 ECU 的线束端子由 A66、A67、A68 线束组成,如图 8-22 所示。各线束端子含义见表 8-2。

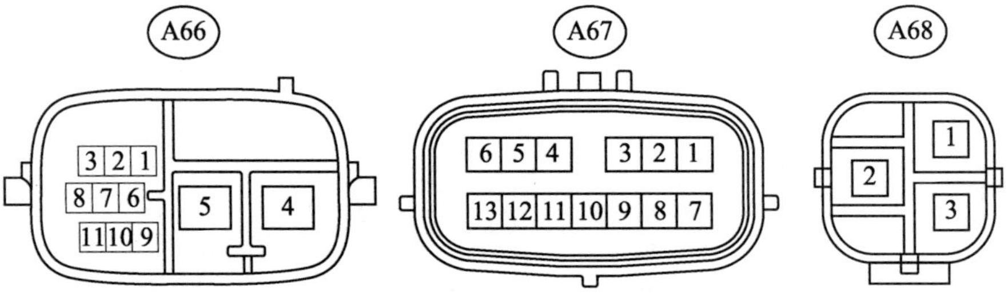

图 8-22 A66、A67、A68 线束端子

动力转向 ECU 的线束端子颜色及含义 表 8-2

线束	端子编号(符号)	配线颜色代码	端子含义描述
A66	A66-2(CANH)	B	高电平 CAN 总线
	A66-3(CANL)	W	低电平 CAN 总线
	A66-4(PIG)	W	电源
	A66-5(PGND)	B	电源搭铁
	A66-9(IG)	BE	IG 电源

续上表

线束	端子编号(符号)	配线颜色代码	端子含义描述
A67	A67-1(RZG)	W	转角传感器电源电路搭铁
	A67-2(SRZG)	BR	转角传感器屏蔽搭铁
	A67-3(RZV)	G	转角传感器电源
	A67-4(TRQV)	P	转矩传感器电源
	A67-6(TQG1)	L	转矩传感器电源电路搭铁
	A67-7(RZSN)	B	SIN 相位输入信号(转角传感器)
	A67-8(RZCS)	R	COS 相位输入信号(转角传感器)
	A67-9(INSN)	B	SIN 相位输入信号(转矩传感器输入轴侧)
	A67-10(INCS)	R	COS 相位输入信号(转矩传感器输入轴侧)
	A67-11(OUSN)	W	SIN 相位输入信号(转矩传感器输出轴侧)
	A67-12(OUCS)	G	COS 相位输入信号(转矩传感器输出轴侧)
	A67-13(TQG2)	Y	转矩传感器检测电路搭铁
A68	A68-1(V)	R	V 相位电机输出
	A68-2(U)	B	U 相位电机输出
	A68-3(W)	W	W 相位电机输出

(2)使用万用表对 A66 和 A68 线束侧连接器的相关端子进行电压或电阻的检测,应满足表 8-3 的技术要求。

A66 和 A68 线束侧连接器的相关端子电压或电阻的检测参数及标准 表 8-3

符号(端子编号)	配线颜色	端子描述	条件	标准值
A66-4(PIG)—A66-5(PGND)	W-B	电源	始终	10～14V
A66-5(PGND)—车身搭铁	B-车身搭铁	电源搭铁	始终	<1Ω
A66-9(IG)—A66-5(PGND)	BE-B	IG 电源	电源开关置于 ON 位置	10～14V
A68-2(U)—A68-3(W)/A68-1(V)	B-W/R	U 相位电机输出	始终	<1Ω
A68-3(W)—A68-2(U)/A68-1(V)	W-B/R	W 相位电机输出	始终	<1Ω
A68-1(V)—A68-2(U)/A68-3(W)	R-B/W	V 相位电机输出	始终	<1Ω

注意:动力转向 ECU 总成使用防水连接器,不能用连接到车辆的连接器来检查电压或者波形。如果要更换动力转向 ECU 总成,则初始化转角传感器值并校准扭矩传感器零点。

4. 动力转向电机的检测

动力转向ECU通过如图8-23所示电路向动力转向电机提供工作电流。

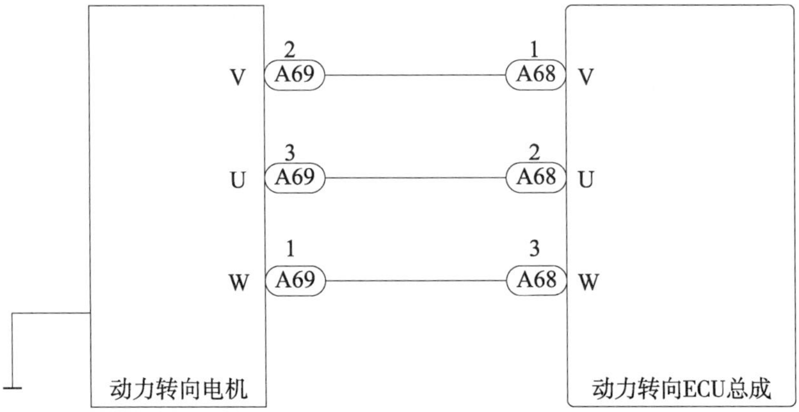

图8-23　动力转向电机与动力转向ECU电路连接图

(1)检查动力转向电机与动力转向ECU线束和连接器。

从动力转向ECU总成上断开连接器A68,如图8-24所示。从动力转向电机上断开连接器A69,如图8-25所示。测量线束连接器端子间的电阻值应满足表8-4的技术要求,如出现异常,应维修或更换线束或连接器。

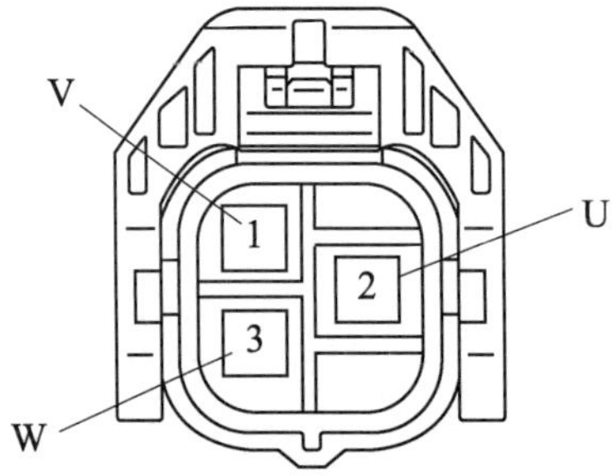

图8-24　连接器A68(接ECU侧)

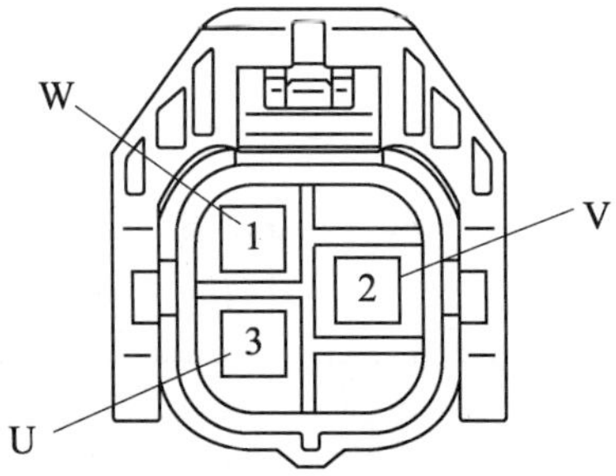

图8-25　连接器A69(接电机侧)

动力转向电机与动力转向ECU线束连接器端子间的电阻值　　表8-4

符号(端子编号)	条　件	标　准　值
A68-1(V)—A69-2(V)	始终	<1Ω
A68-2(U)—A69-3(U)	始终	<1Ω
A68-3(W)—A69-1(W)	始终	<1Ω
A68-1(V)—车身搭铁	始终	≥10kΩ
A68-2(U)—车身搭铁	始终	≥10kΩ
A68-3(W)—车身搭铁	始终	≥10kΩ

(2)检查动力转向电机。

动力转向电机线束端子布局如图8-26所示,使用万用表电阻挡检测各端子间的电阻值应满足表8-5的技术要求。如检测结果异常,应更换动力转向拉杆总成,并清除转角传感器校准值、初始化转角传感器及校准转矩传感器零点。

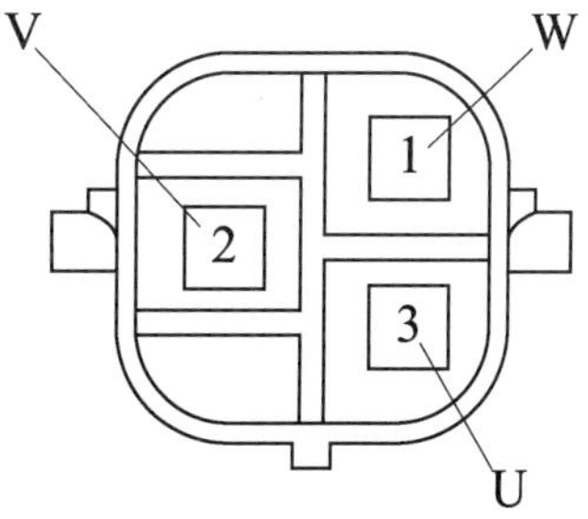

图8-26　动力转向电机线束端子

5. 转矩传感器的检测

转矩传感器用于将转向盘的转矩输入值转换为电信号并将其发送给ECU,ECU根据该信号检测转向力矩。转矩传感器安装于动力转向拉杆总成的输入轴端如图8-27所示,转矩传感器与动力转向ECU总成的电路连接如图8-28所示。

动力转向电机线束端子间电阻值　　表8-5

符号(端子编号)	条　件	标　准　值
A69-3(U)—A69-2(V)	始终	<1Ω
A69-2(V)—A69-1(W)	始终	<1Ω
A69-1(W)—A69-3(U)	始终	<1Ω
A69-3(U)—车身搭铁	始终	≥10kΩ
A69-2(V)—车身搭铁	始终	≥10kΩ
A69-1(W)—车身搭铁	始终	≥10kΩ

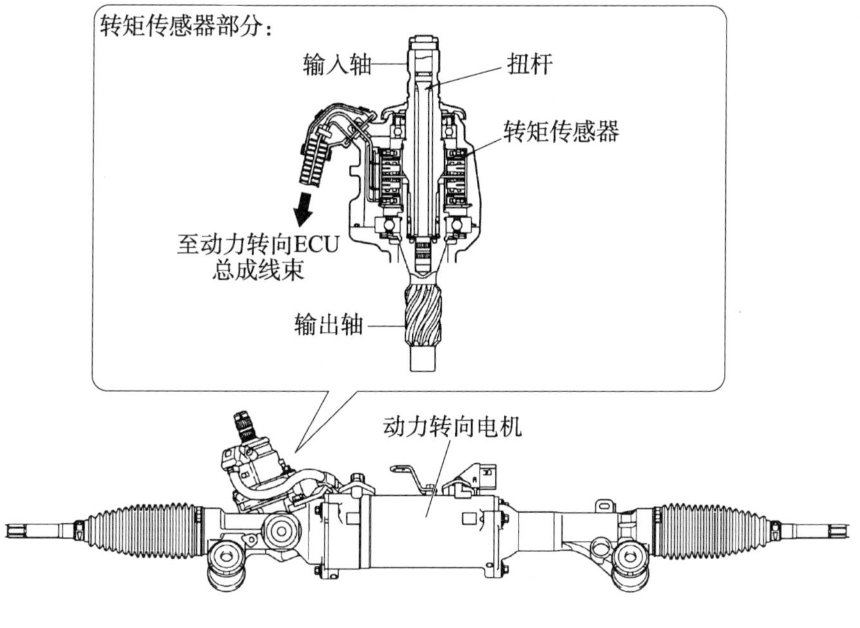

图8-27　转矩传感器安装位置

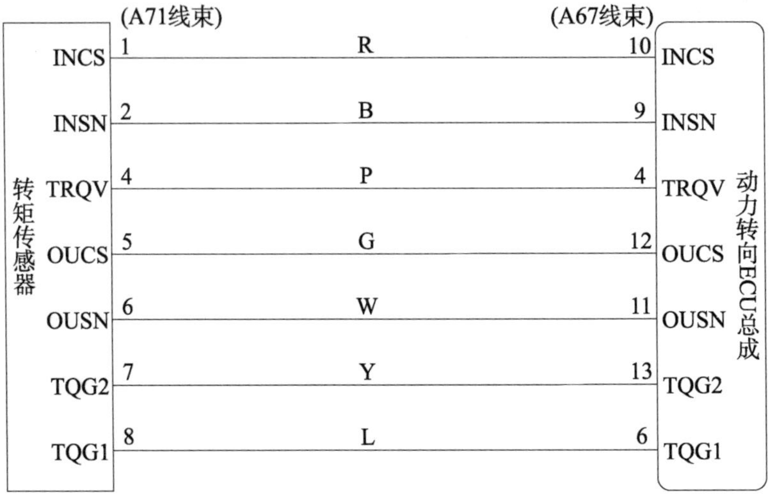

图 8-28　转矩传感器与动力转向 ECU 总成电路连接图

(1)检查转矩传感器与动力转向 ECU 总成线束和连接器。

从动力转向 ECU 总成上断开连接器 A67,如图 8-29 所示。从转矩传感器上断开连接器 A71,如图 8-30 所示。测量线束连接器端子间的电阻值应满足表 8-6的技术要求,如出现异常,应维修或更换线束或连接器。

(2)检查转矩传感器。

转矩传感器的线束端子布局如图 8-31 所示,使用万用表电阻挡检测各端子间的电阻值应满足表 8-7 的技术要求。

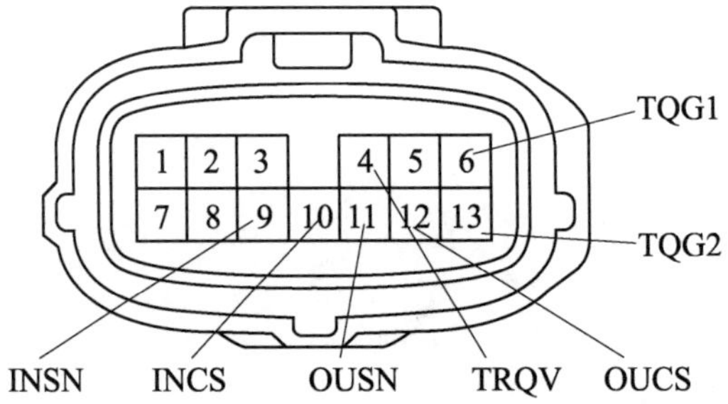

图 8-29　连接器 A67(接动力转向 ECU 侧)

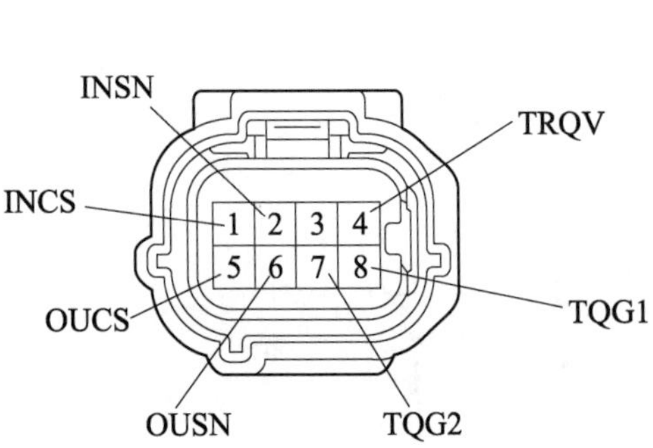

图 8-30　连接器 A71(接转矩传感器侧)

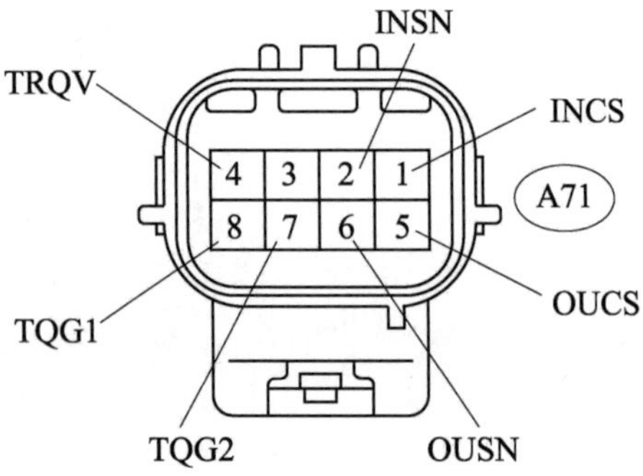

图 8-31　转矩传感器线束端子

转矩传感器与动力转向 ECU 线束连接器端子间的电阻值　　表 8-6

符号(端子编号)	条　件	标　准　值
A71-1(INCS)—A67-10(INCS)	始终	<1Ω
A71-2(INSN)—A67-9(INSN)	始终	<1Ω
A71-4(TRQV)—A67-4(TRQV)	始终	<1Ω
A71-5(OUCS)—A67-12(OUCS)	始终	<1Ω
A71-6(OUSN)—A67-11(OUSN)	始终	<1Ω
A71-7(TQG2)—A67-13(TQG2)	始终	<1Ω
A71-8(TQG1)—A67-6(TQG1)	始终	<1Ω
A71-1(INCS)—车身搭铁	始终	≥10kΩ
A71-2(INSN)—车身搭铁	始终	≥10kΩ
A71-4(TRQV)—车身搭铁	始终	≥10kΩ
A71-5(OUCS)—车身搭铁	始终	≥10kΩ
A71-6(OUSN)—车身搭铁	始终	≥10kΩ
A71-7(TQG2)—车身搭铁	始终	≥10kΩ
A71-8(TQG1)—车身搭铁	始终	≥10kΩ

转矩传感器各端子间电阻值　　表 8-7

符号(端子编号)	条　件	标 准 值 (Ω)
A71-1(INCS)—A71-7(TQG2)	始终	90 ~ 170
A71-2(INSN)—A71-7(TQG2)	始终	300 ~ 430
A71-4(TRQV)—A71-8(TQG1)	始终	4 ~ 14
A71-5(OUCS)—A71-7(TQG2)	始终	90 ~ 170
A71-6(OUSN)—A71-7(TQG2)	始终	300 ~ 430

6. 电机转角传感器检测

电机转角传感器用于检测电机转角并将该信息发送至动力转向 ECU 总成，其安装在动力转向电机总成上，如图 8-32 所示。电机转角传感器与动力转向 ECU 总成的电路连接如图 8-33 所示。

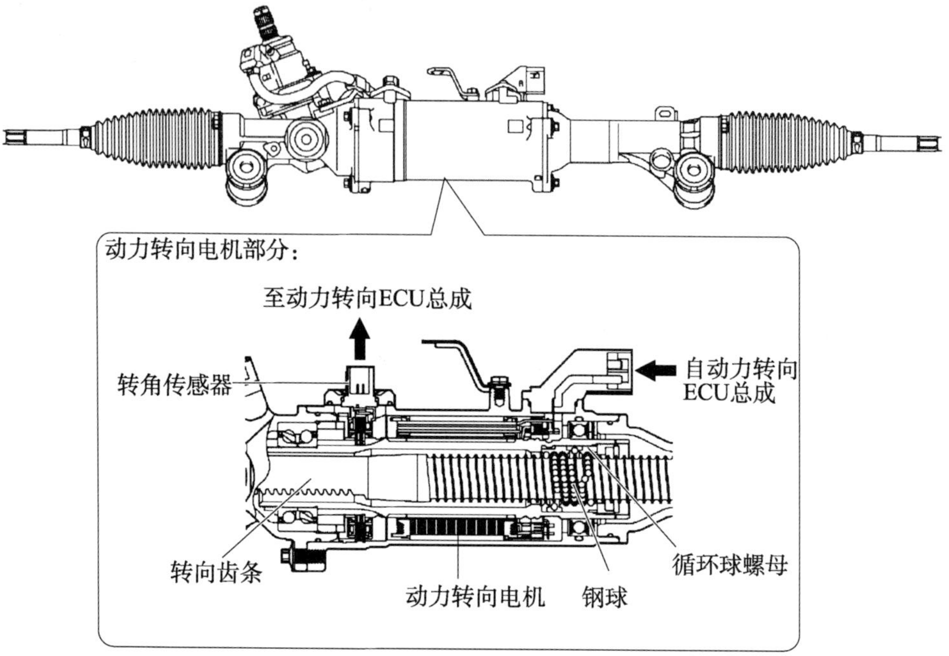

图 8-32　电机转角传感器安装位置

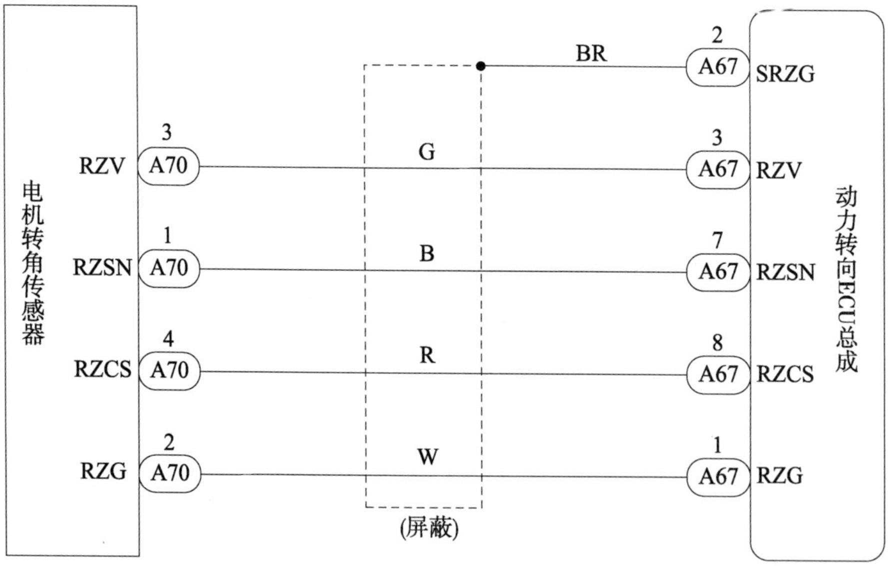

图 8-33　电机转角传感器与动力转向 ECU 总电路连接图

(1)检查电机转角传感器与动力转向 ECU 总成线束和连接器。

从动力转向拉杆总成上断开连接器 A70,如图 8-34 所示。从动力转向 ECU 上断开连接器 A67,如图 8-35 所示。测量线束连接器端子间的电阻值应满足表 8-8的技术要求,如出现异常,应维修或更换线束或连接器。

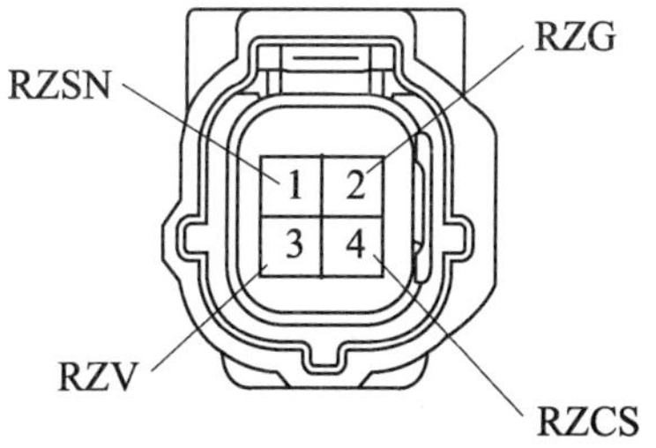

图 8-34　连接器 A70(接电机转角传感器侧)

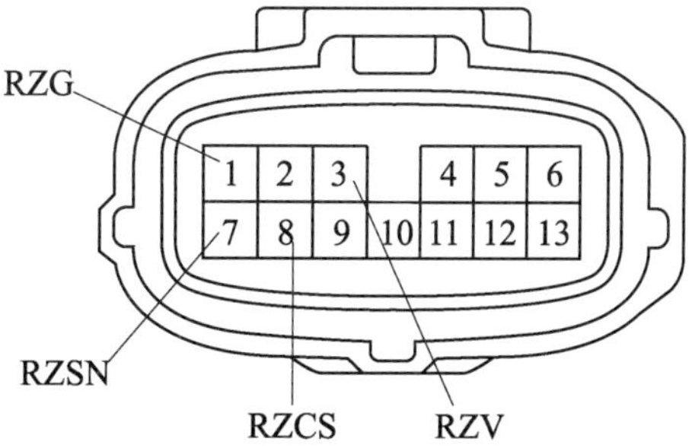

图 8-35　连接器 A67(接动力转向 ECU 侧)

电机转角传感器与动力转向 ECU 线束连接器端子间的电阻值　　表 8-8

符号(端子编号)	条　　件	标　准　值
A70-1(RZSN)—A67-7(RZSN)	始终	<1Ω
A70-2(RZG)—A67-1(RZG)	始终	<1Ω
A70-3(RZV)—A67-3(RZV)	始终	<1Ω
A70-4(RZCS)-A67-8(RZCS)	始终	<1Ω
A70-1(RZSN)—车身搭铁	始终	≥10kΩ
A70-2(RZG)—车身搭铁	始终	≥10kΩ
A70-3(RZV)—车身搭铁	始终	≥10kΩ
A70-4(RZCS)—车身搭铁	始终	≥10kΩ

(2)检查电机转角传感器

电机转角传感器线束端子布局如图 8-36 所示,使用万用表电阻挡检测各端子间的电阻值应满足表 8-9 的技术要求。如检测结果异常,应更换动力转向拉杆总成,并清除转角传感器校准值、初始化转角传感器及校准转矩传感器零点。

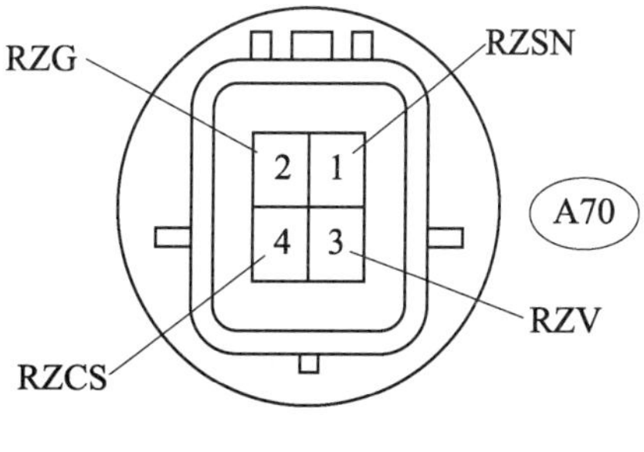

图 8-36　电机转角传感器线束端子

电机转角传感器各端子间电阻值　　表 8-9

符号(端子编号)	条　　件	标　准　值(Ω)
A70-1(RZSN)—A70-2(RZG)	始终	50 ~ 140
A70-3(RZV)—A70-2(RZG)	始终	50 ~ 140
A70-4(RZCS)—A70-2(RZG)	始终	15 ~ 45

7. PIG 电源电路检测

PIG 电源电路作用是提供电源以驱动动力转向电机。PIG 电源电路如图 8-37 所示。

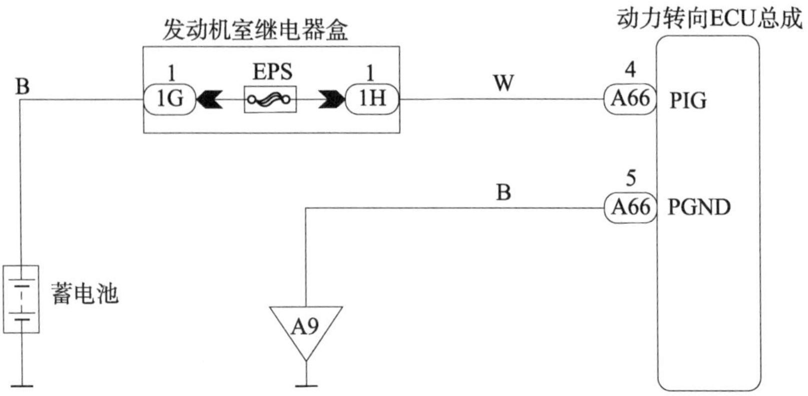

图 8-37　PIG 电源电路

(1)检查 EPS 熔断器。

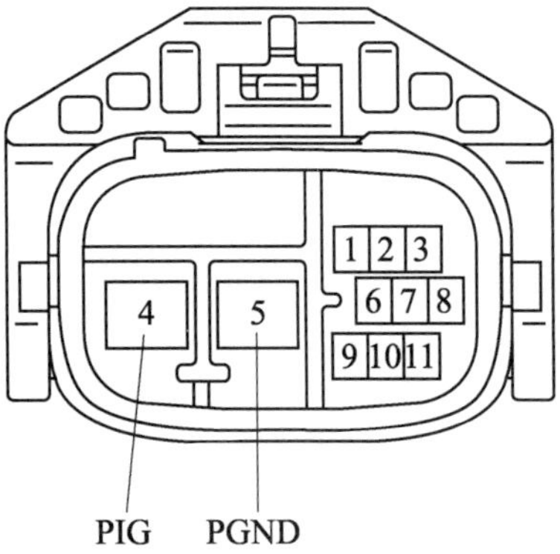

图 8-38　连接器 A66 各端子布置

从发动机室继电器盒上拆下 EPS 熔断器。检查 EPS 熔断器的电阻值。正常应小于 1Ω,否则予以更换熔断器。

(2)检测 PIG 电源电压。

从动力转向 ECU 总成上断开连接器 A66,如图 8-38 所示。测量 A66-4(PIG)脚与车身搭铁之间的电压应为 10～14V,测量 A66-5(PGND)脚与车身搭铁之间的电阻应小于 1Ω。如检测异常应维修或更换线束或连接器。

(六)转角传感器值初始化和转矩传感器零点校准

在进行动力转向系统的检测与维修过程中,如果出现以下三种的任一情况,则需要清除转角传感器校准值、初始化转角传感器值并校准扭矩传感器零点:更换动力转向 ECU 总成;更换动力转向拉杆总成;左、右转向力矩之间有差别。转角传感器值初始化和扭矩传感器零点校准的操作步骤如下:

1. 校准前的检查

(1)将智能检测仪连接到 DLC3。

(2)将电源开关置于 ON(IG)位置。

(3)打开智能检测仪。

(4)检查检测仪屏幕上的 IG 电源电压。进入以下菜单:Chassis/EMPS/Data List。相关标准见表 8-10。

IG 电源电压标准值　　表 8-10

检测仪显示	测量项目\范围	检查条件	标准值
IG Power Supply	ECU 电源电压/ 最低:0V,最高:25.5V	电源开关置于 ON(IG)位置	10～14V

注意:如果 IG 电源电压为 10V 或更低,则不能执行校准。在此情况下,需要对蓄电池充电或更换蓄电池,然后再执行校准。

2. 转角传感器校准值清除、转角传感器值初始化和转矩传感器零点校准

(1)将智能检测仪连接到 DLC3。

(2)将电源开关置于 ON(IG)位置。

(3)打开智能检测仪。

(4)进入以下菜单:Chassis/EMPS/Utility/Torque/Sensor Adjustment。

(5)按照检测仪显示屏上的程序来清除转角传感器校准值、初始化转角传感器值和校准转矩传感器零点。

3. 操作注意事项

(1)如果存储 DTC C1516(转矩传感器零点调节未完成),则不能校准转矩传感器零点,开始校准前清除该 DTC。

(2)如果存储 DTC C1526(转角传感器初始化未完成),则不能初始化转角传感器值,开始初始化前清除该 DTC。

(3)对转角传感器值进行初始化时,遵照以下程序以稳定传感器电压:将电源开关置于 ON(IG)位置后,等待至少 2.5s 再转动转向盘。不要快速转动转向盘。

(4)转矩传感器零点校准期间,转向盘将出现振动。转向盘振动时或在其停止后 2s 内不要接触它。

二、任务实施

(一)准备工作

(1)着装准备。按要求穿着工作服,不允许穿戴手表、戒指、项链等金属首饰。

(2)维修车辆防护垫套准备,包括转向盘护套、挂挡杆护套、座椅护套、脚垫、翼子板和前格栅护垫等。

(3)维修工具准备。汽车故障诊断专用智能检测仪、汽车专用万用表、试灯、维修工作灯、常用维修拆装工具、专用维修拆装工具(如丰田专用工具 SST)。

(4)维修资料准备:车辆《维修手册》及其他相关维修资料。

（二）技术要求与注意事项

技术要求和注意事项见表8-11。

技术要求和注意事项　　表8-11

序号	操作项目	相关技术标准或要求	注意事项
1	检查诊断系统DLC3诊断座	具体技术标准见表8-1	测量电阻前，静置车辆至少1min，不要操作电源开关、其他任何开关或车门
2	检测IG电源电压	标准电压值：10～14V	如果IG电源电压为10V或更低，需要对蓄电池进行充电或更换蓄电池，否则无法执行转角传感器和转矩传感器校准
3	检测动力转向ECU	具体技术标准见表8-2、表8-3	动力转向ECU总成使用防水连接器，不能用连接到车辆的连接器来检查电压或者波形。如果要更换动力转向ECU总成，则初始化转角传感器值并校准转矩传感器零点
4	检测动力转向电机	具体技术标准见表8-4、表8-5	如检测结果异常，应更换动力转向拉杆总成，并清除转角传感器校准值、初始化转角传感器及校准转矩传感器零点
5	检测转矩传感器	具体技术标准见表8-6、表8-7	
6	检测电机转角传感器	具体技术标准见表8-8、表8-9	
7	检测PIG电源电压	标准电压值：10～14V	如果要更换动力转向ECU总成，则初始化转角传感器值并校准转矩传感器零点

（三）操作步骤

根据故障诊断的流程，按以下操作步骤完成任务实施，具体操作步骤可参照车辆《维修手册》提示。

（1）将车辆停放在维修工位，为车辆安放维修防护套。

（2）将智能检测仪连接到DLC3诊断座（位置如图8-5所示）。

（3）将点火开关置于ON（IG）挡位置。

（4）打开智能检测仪，检查IG电源电压是否符合标准。

（5）根据职能检测仪菜单“Chassis→EMPS”进入车辆动力转向系统。

（6）读取动力转向系统DTC。

（7）清除动力转向系统DTC。

(8)再次读取动力转向系统DTC并记录,如无DTC则按无DTC指示的故障诊断流程操作。

(9)根据记录的DTC查询车辆DTC故障码表,记录故障码的内容。

(10)根据故障码内容提示对相关元件进行检测并记录。

(11)根据检测结果对照相关技术标准判断元件是否存在故障。

(12)对存在故障的元件进行修复或更换。

(13)根据维修情况需要,对相关传感器值进行初始化及校准。

(14)对故障排除结果进行检验。

三、任务测试(工作页)

(1)请在图8-39中标出丰田凯美瑞混合动力汽车的DLC3故障诊断座的位置。

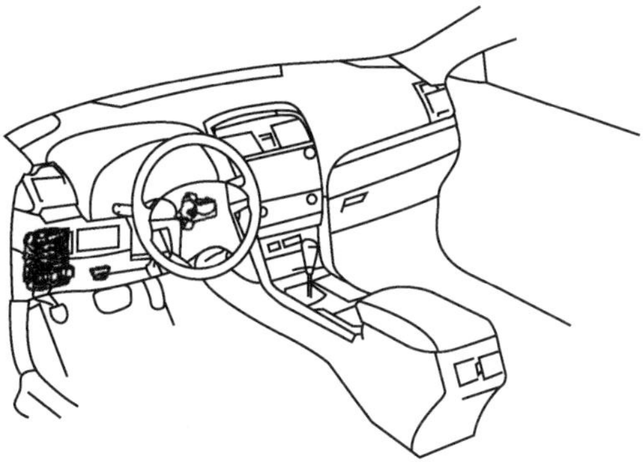

图8-39　故障诊断座位置

(2)参考车辆《维修手册》,根据任务实施过程提示,将车辆检测的相关技术参数进行记录,完成以下各项目检测记录表(表8-12～表8-21)。

①诊断座检测。

诊断系统DLC3诊断座检测记录表　　表8-12

符号(端子编号)	检测条件	标准值	测量值记录	检测结果判断
SIL(7)—SG(5)	传输过程中	产生脉冲		
CG(4)—车身搭铁	始终	<1Ω		
SG(5)—车身搭铁	始终	<1Ω		
BAT(16)—车身搭铁	始终	11～14V		
CANH(6)—CANL(14)	电源开关置于OFF位置	54～69Ω		
CANH(6)—CG(4)	电源开关置于OFF位置	≥200Ω		

续上表

符号(端子编号)	检测条件	标准值	测量值记录	检测结果判断
CANL(14)—CG(4)	电源开关置于 OFF 位置	≥200Ω		
CANH(6)—BAT(16)	电源开关置于 OFF 位置	≥6Ω		
CANL(14)—BAT(16)	电源开关置于 OFF 位置	≥6Ω		

②电源电压检测

IG 电源电压检测记录表 表 8-13

检测项目	检测条件	标准值	测量值记录	检测结果判断
IG 电源电压	点火开关置于 ON(IG)挡	10 ~ 14V		

③动力转向 ECU 检测

动力转向 ECU 总成 A66 和 A68 线束侧连接器的相关端子电压或电阻的检测记录表 表 8-14

符号(端子编号)	检测条件	标准值	测量值记录	检测结果判断
A66-4(PIG)—A66-5(PGND)	始终	10 ~ 14V		
A66-5(PGND)—车身搭铁	始终	<1Ω		
A66-9(IG)—A66-5(PGND)	电源开关置于 ON 位置	10 ~ 14V		
A68-2(U)—A68-3(W)/A68-1(V)	始终	<1Ω		
A68-3(W)—A68-2(U)/A68-1(V)	始终	<1Ω		
A68-1(V)—A68-2(U)/A68-3(W)	始终	<1Ω		

④动力转向电机检测。

动力转向电机与动力转向 ECU 线束和连接器检测记录表 表 8-15

符号(端子编号)	检测条件	标准值	测量值记录	检测结果判断
A68-1(V)—A69-2(V)	始终	<1Ω		
A68-2(U)—A69-3(U)	始终	<1Ω		
A68-3(W)—A69-1(W)	始终	<1Ω		
A68-1(V)—车身搭铁	始终	≥10kΩ		
A68-2(U)—车身搭铁	始终	≥10kΩ		
A68-3(W)—车身搭铁	始终	≥10kΩ		

动力转向电机线束端子间电阻检测记录表 表 8-16

符号(端子编号)	检测条件	标准值	测量值记录	检测结果判断
A69-3(U)—A69-2(V)	始终	<1Ω		

续上表

符号(端子编号)	检 测 条 件	标　准　值	测量值记录	检测结果判断
A69-2(V)—A69-1(W)	始终	<1Ω		
A69-1(W) - A69-3(U)	始终	<1Ω		
A69-3(U)—车身搭铁	始终	≥10kΩ		
A69-2(V)—车身搭铁	始终	≥10kΩ		
A69-1(W)—车身搭铁	始终	≥10kΩ		

⑤转矩传感器检测。

转矩传感器与动力转向 ECU 总成线束和连接器检测记录表　　表 8-17

符号(端子编号)	检 测 条 件	标　准　值	测量值记录	检测结果判断
A71-1(INCS)—A67-10(INCS)	始终	<1Ω		
A71-2(INSN)—A67-9(INSN)	始终	<1Ω		
A71-4(TRQV)—A67-4(TRQV)	始终	<1Ω		
A71-5(OUCS)—A67-12(OUCS)	始终	<1Ω		
A71-6(OUSN)—A67-11(OUSN)	始终	<1Ω		
A71-7(TQG2)—A67-13(TQG2)	始终	<1Ω		
A71-8(TQG1)—A67-6(TQG1)	始终	<1Ω		
A71-1(INCS)—车身搭铁	始终	≥10kΩ		
A71-2(INSN)—车身搭铁	始终	≥10kΩ		
A71-4(TRQV)—车身搭铁	始终	≥10kΩ		
A71-5(OUCS)—车身搭铁	始终	≥10kΩ		
A71-6(OUSN)—车身搭铁	始终	≥10kΩ		
A71-7(TQG2)—车身搭铁	始终	≥10kΩ		
A71-8(TQG1)—车身搭铁	始终	≥10kΩ		

转矩传感器各端子间电阻值检测记录表　　表 8-18

符号(端子编号)	检 测 条 件	标　准　值	测量值记录	检测结果判断
A71-1(INCS)—A71-7(TQG2)	始终	90 ~ 170Ω		
A71-2(INSN)—A71-7(TQG2)	始终	300 ~ 430Ω		
A71-4(TRQV)—A71-8(TQG1)	始终	4 ~ 14Ω		
A71-5(OUCS)—A71-7(TQG2)	始终	90 ~ 170Ω		
A71-6(OUSN)—A71-7(TQG2)	始终	300 ~ 430Ω		

⑥电机转角传感器检测。

电机转角传感器与动力转向 ECU 总成线束和连接器检测记录表 表 8-19

符号(端子编号)	检测条件	标准值	测量值记录	检测结果判断
A70-1(RZSN)—A67-7(RZSN)	始终	<1Ω		
A70-2(RZG)—A67-1(RZG)	始终	<1Ω		
A70-3(RZV)—A67-3(RZV)	始终	<1Ω		
A70-4(RZCS)—A67-8(RZCS)	始终	<1Ω		
A70-1(RZSN)—车身搭铁	始终	≥10kΩ		
A70-2(RZG)—车身搭铁	始终	≥10kΩ		
A70-3(RZV)—车身搭铁	始终	≥10kΩ		
A70-4(RZCS)—车身搭铁	始终	≥10kΩ		

电机转角传感器各端子间电阻检测记录表 表 8-20

符号(端子编号)	检测条件	标准值	测量值记录	检测结果判断
A70-1(RZSN)—A70-2(RZG)	始终	50～140Ω		
A70-3(RZV)—A70-2(RZG)	始终	50～140Ω		
A70-4(RZCS)—A70-2(RZG)	始终	15～45Ω		

⑦PIG 电源电压检测。

PIG 电源电压检测记录表 表 8-21

符号(端子编号)	检测条件	标准值	测量值记录	检测结果判断
A66-4(PIG)—车身搭铁	始终	10～14V		
A66-5(PGND)—车身搭铁	始终	<1Ω		

(3)将主要元件的检测结果填入汇总表(表 8-22)中,根据检测结果提出维修建议。

主要元件检测结果汇总表 表 8-22

序号	检测项目	检测结果判断	维修建议
1	检查诊断系统 DLC3 诊断座	□正常 □有故障	
2	检测 IG 电源电压	□正常 □有故障	
3	检测动力转向 ECU	□正常 □有故障	
4	检测动力转向电机	□正常 □有故障	
5	检测扭矩传感器	□正常 □有故障	
6	检测电机转角传感器	□正常 □有故障	
7	检测 PIG 电源电压	□正常 □有故障	

项目四　再生制动系统检修

学习任务9　认识再生制动系统

学习目标

(1)认识再生制动系统的结构及原理。

(2)描述再生制动系统是如何协同管理的。

(3)描述在什么状态下再生制动系统不工作。

建议课时

6课时。

任务描述

王先生以前都是驾驶传统汽车,新买一台丰田凯美瑞尊瑞HEV,第一次接触混合动力汽车。最近在使用中发现,刚踩下制动踏板减速时,伴有轻微"嗡嗡"的响声,继续踩下制动踏板响声消失。由于担心制动系统出现问题,现将车开到4S店进行检查。作为维修人员,请你对该车进行检查。

一、信息收集

(一)再生制动系统概述

所有汽车都是通过发动机产生的转矩使车轮向前运动,从而驱动汽车向前行驶的。这一过程中,车轮产生摩擦力,并消耗了发动机的功率。车上的制动器是另一个摩擦装置,它的材料很特殊,能承受摩擦产生的热。实际上,车辆能够停止最终还是由车轮和地面间的摩擦力实现的。但是,制动系统吸收的能量以热的形式损耗了,不能回收或者储存供下次驱动汽车用。

1. 再生能量

制动时,滚动的车轮因摩擦而减速或停止,一部分制动转矩从轮胎传回到电机轴。大多数电机的特点是可以将电能转化成机械能,也可以将机械能转化成电能。这两种情况下的转换效率都很高。

通过使用电机和电机控制器,车轮的制动力传给电机轴。电机轴上的磁铁,也称转子(电机的转动部分),转动的转子穿过定子(电机的静止部分)上的线圈、通过磁铁的磁场产生电,该电能直接给高压蓄电池充电。这个过程叫做再生能量,即"回收能"。

2. 再生制动

混合动力汽车的再生制动是通过具有可逆作用的电动机/发电机实现的,如图 9-1 所示。它既可作为电动机提供驱动力又可作为发电机提供充电。在减速或制动时,电动机/发电机可将其一部分机械能转化为其他形式的能量(电能或化学能等),储存于高压蓄电池中以备驱动时使用。如图 9-2 所示,当汽车减速或在公路行驶中驾驶人放松加速踏板行驶或踩下制动踏板停车时,再生制动能量回收系统就会启动。电机制动的方法可分为机械制动和电气制动两大类。电气制动法又可分为反接制动、能耗制动和回馈发电制动三种类型。其中,回馈发电制动又称为再生制动。研究表明,汽车在城市行驶工况下,大约有 30% ~50% 的能量被消耗在制动过程中。然而再生制动却能回收近一半的制动热能损失。根据不同的汽车类型,燃料消耗将比现在的消耗水平减少 10% ~25% 。再生制动的效率较高,能回收制动器热能损失的 20% 。再生制动有下列优点:减少电池电量的下降、延长电池组的使用寿命以及降低燃料消耗量。因此,对混合动力汽车的制动系统的学习,具有重要意义。

图 9-1 丰田凯美瑞混合动力系统的 2 号电动机/发电机

现在,所有的混合动力汽车都将再生制动系统作为提高汽车效率的一个途径,它大大提高了燃料经济性。回收能量的多少,取决于很多因素,如汽车的质量、速度及加速度等。

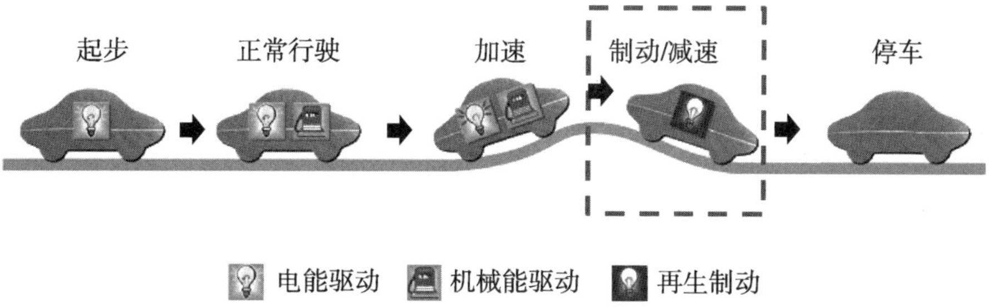

图 9-2 混合动力系统运行工况

(二)再生制动系统的种类

再生制动装置有串联再生和并联再生两种不同的设计。

在串联再生制动系统中,踩下制动踏板,再生制动控制器即计算需要的力矩来使汽车降速。如果制动踏板踩下得更多,则多个行车制动器融合成一体变成再生制动装置,根据制动踏板的力和距离获得需要的制动性能。串联再生制动系统要求“主动”的制动器管理,以实现对所有四个车轮的总制动。所有串联再生制动系统都使用电子液压制动(EHB)系统,它包括管理制动器气缸压力和前后车轴制动平衡的液压控制单元。大多数混合动力汽车采用这种再生制动系统。再生制动系统主要回收汽车高速时产生的制动力,汽车低速行驶时,基础制动力增加缓慢,效能不高。

并联再生制动系统略为简单,因为制动时,电机作为发电机进行能量回收。再生制动控制器根据汽车速度确定可回收的再生能量。因为整个制动过程中都在使用基础制动器,所以前、后制动器保持平衡。并联再生制动系统回收的能量比串联再生制动系统少,所以燃料经济性相对较差。

(三)再生制动系统组成

混合动力汽车最终实施到车轮的制动力是根据 ECU 计算出来的总制动力是而决定的,总制动力是由再生制动力和液压制动力组成的,如图 9-3 所示。

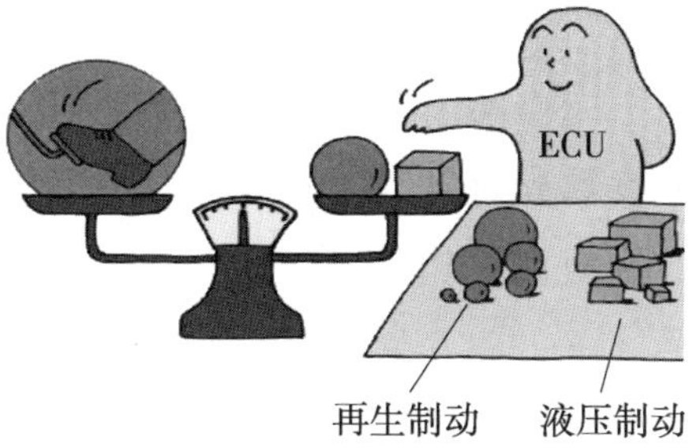

图 9-3 总制动力的组成

以丰田凯美瑞混合动力车型为例,凯美瑞尊瑞 HV 制动系统负责确保车辆可靠、稳定地减速。此外,它还能使车辆的制动能量减少转化为热量,并将其回收利用转化为电能。

1. 实现再生制动需要的混合动力驱动装置组件

(1)防滑控制 ECU(读取制动踏板行程信号,计算应由传动系统提供的额定再生制动力矩)。

(2)混合动力车辆控制 ECU(将额定再生制动力矩传输给 MG ECU,产生再生制动力)。

(3)MG ECU(通过以发电机方式控制电机实现额定制动力矩)。

(4)蓄电池智能单元(提供高压蓄电池充电状态及 SOC 值等数据)。

(5)HV 蓄电池(存储产生的电能)。

丰田混合动力汽车用于液压制动和再生制动的组件几乎彼此独立工作,每次操作制动踏板时,基本上都会形成液压部分和能量回收部分。液压部分及其与制动踏板行程的关系,由组件设计结构决定。能量回收部分根据制动踏板行程(和其他边界条件)以电动方式控制。

2. 再生制动的工作原理

下面以丰田凯美瑞混合动力车型为例,先认识再生制动的工作原理。如图 9-4所示为再生制动系统工作原理图。

(1)液压制动部分。

驾驶人踩下制动踏板时,就会与制动助力器及液压制动系统建立起直接的机械连接,操作方式与传统车辆相同,如图 9-5 所示。

①制动踏板→机械连接→真空助力器→制动主缸。

②制动主缸→液压助力和两个制动回路分配→车身稳定控制系统。

③车身稳定控制系统→行驶动态协调控制系统和电子制动力分配系统→车轮制动器。

(2)再生制动部分。

再生制动的主要输入参数是加速踏板角度和制动踏板行程,在未踩下制动踏板、加速踏板角度为零时,电机以发电机模式运行,电机电子装置通过控制电机产生相当于传统汽车滑行模式下的整车制动力,此时回收利用的能量水平仍较低。

如果此时踩下制动踏板,就会像所有传统制动系统一样,首先需要经过响应行程,在此过程中无法进行液压制动,但此时已开始对制动踏板行程进行分析,并通过电机产生比纯滑动模式更大的制动力。

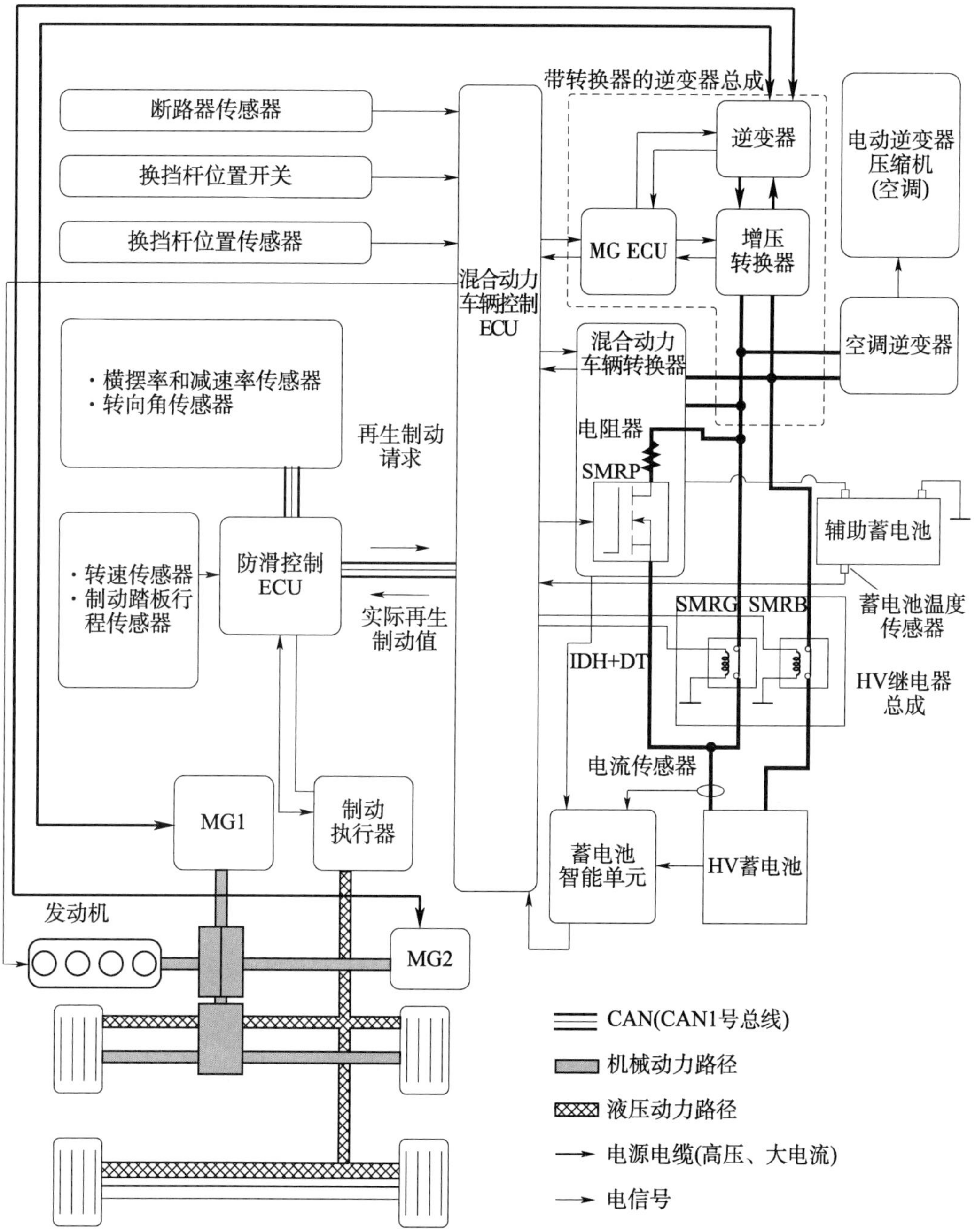

图9-4　再生制动系统工作原理图

如果经过响应行程后继续踩下制动踏板，则两种制动方式同时启用，因为此时在再生制动的基础上又增加了液压制动，电机产生的制动力随着制动踏板行程的增大而不断提高，直至达到最大值。在水平路面上，再生制动的最大制动力可转化为 $0.6m/s^2$ 的减速度。

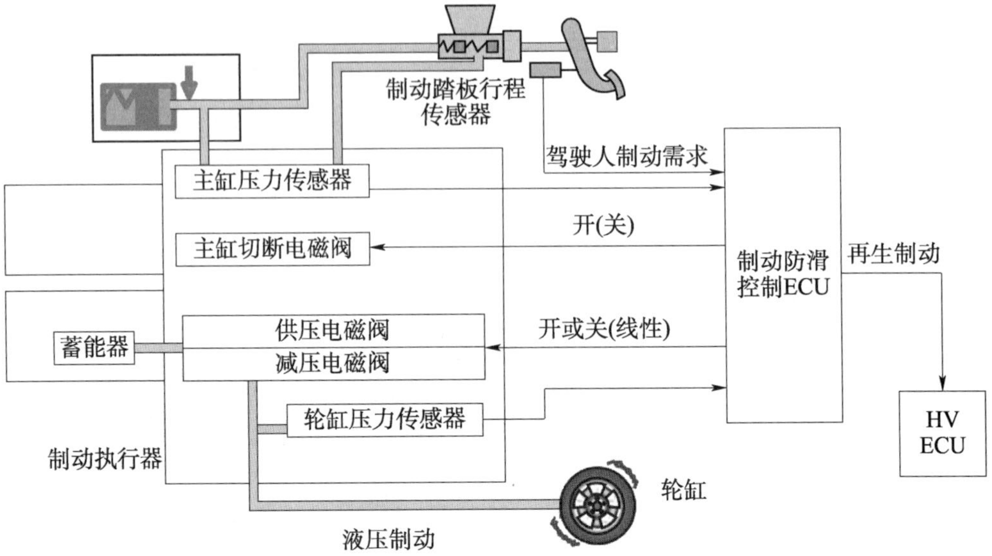

图 9-5 制动系统中液压控制部分

再生制动时,电机转为发电机工作状态,产生交流电(AC)。交流电需要调整(转变)成直流电进入电池。从电机出来的三根主要电线的每一根都需要两个大的二极管。每根主线上的两个大二极管的作用是把 AC 转成 DC,如图 9-6 所示。

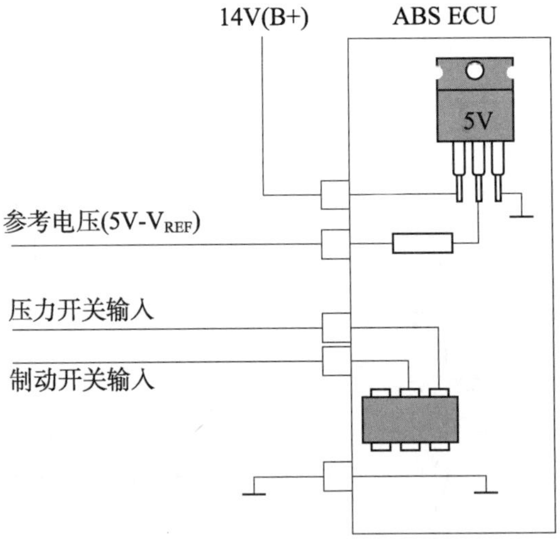

图 9-6 丰田普锐斯电动汽车再生制动控制电路

图中丰田普锐斯车上的 ABS ECU 用制动开关和压力传感器的输入信号控制再生制动系统。该电路包括一个由传感器发出的电压信号,调节成 5V 电压供应给它,制动器照明开关的输入电压(制动器开启时是 12V)和搭铁线连接。

再生制动系统的工作状态总在变化。同样,由于加速踏板也可以调节速度,通过它减小速度也会使制动系统产生变化。

传动系统控制模块(PCM)内有减速程序,可以根据汽车的速度和电池荷电状态(SOC)改变减速度。

实现再生制动需要多个组件参与,表 9-1 总结了再生相关组件及其任务。

再生制动相关组件及其任务　　表 9-1

组　件	输入参数	任　务	输出参数
制动主缸	踩下制动踏板	通过集成式制动踏板行程传感器测量制动踏板行程	制动踏板行程
防滑控制 ECU	制动踏板行程	确定用于行车制动器和动力传动系统的制动力矩,计算并以总线信号形式提供有关行驶稳定性的信息	以能量回收方式通过动力传动系统产生的制动力矩规定值,有关行驶稳定性的信息
混合动力车辆控制 ECU	以能量回收方式产生的制动力矩大小,有关行驶稳定性的信息	协调发动机、自动变速器和电机的功能	用于电机的制动力矩定值
MG ECU	用于电机的制动力矩规定值,高压蓄电池状态参数	计算电机产生制动力矩所需的相电压	电机所需相电压,电机制动力矩实际值,电功率大小
电动机/发电机(MG)	用于发电机运行模式的相电压	将机械能转化为电能	动力传动系统内的制动力矩
HV 蓄电池	由发电机产生电能	存储电能	电能
蓄电池智能单元	内部传感器测量信号	控制高压蓄电池的能量流,监控和计算高压蓄电池的状态参数	高压蓄电池的充电状态,流入/流出高压蓄电池的最大允许电流强度,高压蓄电池的电压

(四)液压制动力和再生制动力分配

电机以正常模式运行时,动力传动系统内产生一个转矩(除发动机转矩外)。在发电机运行模式下,电机使动力传动系统内产生一个制动力矩,该制动力矩向后车轮施加制动力。液压制动和再生制动之间的制动力分配根据车速和施加制动的时间的不同而变化。

(1)通过控制液压制动器,使液压制动和再生制动的总制动力符合驾驶人所需的制动力,完成液压制动和再生制动之间的制动力分配。

(2)如果因混合动力控制系统故障而使再生制动不起作用,则制动系统执行控制,使液压制动系统能够提供驾驶人所需的全部制动力。

图 9-7 展示了液压制动力和再生制动力的分配情况,前提是不存在不稳定的车辆状况且高压蓄电池能够存储电能。

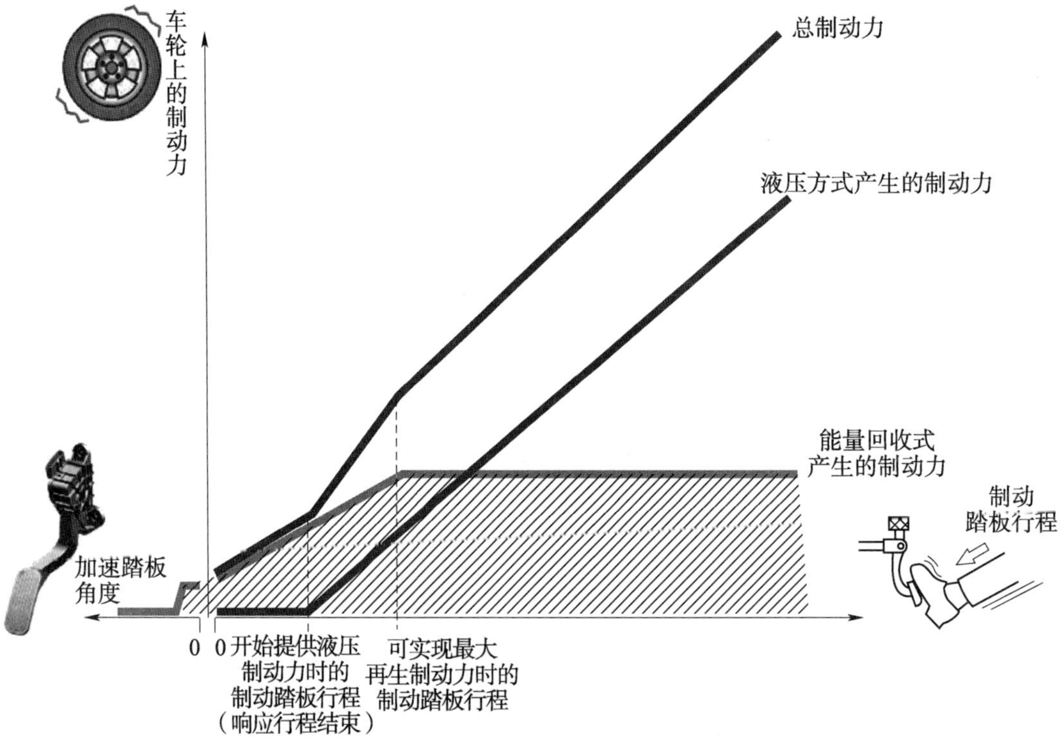

图 9-7 制动力的分配

(五)丰田凯美瑞双擎 HV 再生制动协同控制

驾驶人踩下制动踏板时,防滑控制 ECU 根据制动调节器压力和制动踏板行程计算所需总制动力。计算所需制动力后,防滑控制 ECU 将再生制动力请求发送至动力管理控制 ECU。

动力控制管理 ECU 回复实际再生制动量(再生制动控制值)。动力管理控制 ECU 利用 MG2 产生负转矩(减速力),从而产生再生制动力作用在前轮(驱动轮)。工作时系统间相互协同控制,如图 9-8 所示。

如需要提供更大的制动力,防滑控制 ECU 通过控制制动执行器中的电磁阀,并产生轮缸压力,产生的压力是从所需总制动力中减去实际再生制动控制值后剩余的值,也就是液压控制部分所产生的制动力。

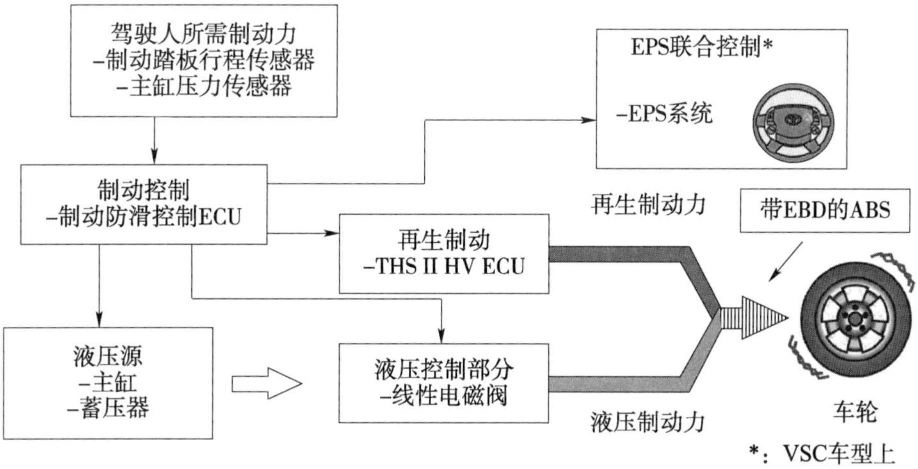

图9-8 再生制动系统协同控制

再生制动可通过动力传动系统向后车轮施加纵向力，它与横向力共同形成的合力不允许超过可传递的最大作用力，否则作用力传输就会中断且车辆进入不稳定状态。因此动态稳定控制系统持续监控后车轮的滑移率，并结合其他数据计算出相应行驶状况下的车辆稳定性信息。只有在行驶稳定的情况下，才允许通过动力传动系统制动。计算通过动力传动系统产生的制动力矩规定值时，动态稳定控制系统也会考虑到这一点。

如果高压蓄电池已经充满，则无法继续存储电能，此时可能导致无法进行再生制动，但是，此类情况很少发生。通过运行策略，可确保在正常行驶期间留出充足的高压蓄电池储备量。也就是说，系统会反复从高压蓄电池获取能量，从而使其充电状态保持在特定范围内，即使在长时间下坡行驶过程中，也能存储再生制动产生的电能。

受工作原理所限，电机转速很低时，电机不能以发电机模式运行。车辆即将停止前，还会断开自动变速器内的液力变矩器锁止离合器。这两种情况都是车辆即将停止前无法实现再生制动的原因所在。

表9-2总结了致使再生制动受限或无法实现的特殊情况。

总结了致使再生制动受限或无法实现的特殊情况 表9-2

标　　准	原　　因
后车轮的滑移率过大或牵引力控制系统干预功能	行驶稳定性
启用(ABS/ASC/DSC/)	
横向加速度较高	
转向角较大	
高压蓄电池的充电状态大于80%	高压蓄电池的容量和使用寿命
车速低于特定限值	无法实现动力传输和发电机运行模式

二、任务实施

(一)准备工作

(1)针对本实训室的丰田凯美瑞混合动力车型(或实训台架)的再生制动系统,每个小组做出一份检查组成及工作过程的实训计划。

(2)需要准备的具体材料见表9-3。

准备材料表　　表9-3

类别	序号	名称	数量
学材、教材	1	新能源汽车底盘检修学材、工作页	1
实训设备	2	丰田凯美瑞 HEV 再生制动系统台架	2
	3	丰田凯美瑞 HEV 汽车,举升机	1
实训环境	4	新能源汽车一体化教学场地	1

(二)技术要求与注意事项

1. 作业安全

(1)进行高压电路维护时,工作区域应用隔离栏隔离,并悬挂警示牌。

(2)进行高压电路维护的人员应经专业培训合格。

(3)进行高压电路维护时,应穿戴符合技术要求的绝缘手套、绝缘鞋,使用绝缘工具。

(4)进行高压电路维护时,应断开高压电路,直到整车维护作业完成后才能接通。

(5)进行动力蓄电池组维护时,应先断开低压电源。

(6)禁止同时接触动力蓄电池组的正负极。

(7)禁止用水直接清洗电气系统部件。

(8)进行高压系统绝缘检测时,应断开高压电路和重要总成。

2. 技术要求

(1)混合动力电动汽车维护的分级和周期应符合 GB/T 18344 的要求。

(2)混合动力电动汽车维护作业时,依次进行电动系统专用装置维护作业、天然气专用装置维护作业和常规车辆维护作业。天然气专用装置维护作业按 GB/T 27876 或 JT/T 1009 的规定进行,常规车辆维护作业按 GB/T 18344 的规定进行。

3. 日常维护

(1)电动系统专用装置日常维护应在出车前、行车中和收车后进行。

(2)出车前、行车中和收车后,均应检查仪表显示屏主界面,发现故障报警信息及时报修。

(3)出车前和收车后,插电式混合动力电动汽车还应检查动力蓄电池组剩余电量,不足时应及时充电。

(4)收车后,还应检查设备舱门锁是否完好、有效。

4. 检验要求

混合动力汽车常规车辆二级维护竣工检验按 GB/T 18344、GB/T 27876 和 JT/T 1009 进行。

混合动力汽车二级维护竣工检验应符合紧固程度、绝缘性能、安全标志和路试等检验要求。

5. 紧固检验

动力蓄电池组、逆变器、制动踏板总成、制动执行器、防滑控制 ECU 等电路及其他专用装置等主要部件的安装,应符合汽车生产厂相关维护保养技术要求,卡箍应位置合理、固定牢固。

6. 路试检验

车辆通电后,检查仪表显示屏主界面,应无故障报警信息。动力蓄电池组剩余电量应符合要求。

起动车辆,在车辆行驶过程中应满足:

(1)车辆起动平稳,电气系统工作正常。

(2)加速平稳,无明显冲击感。

(3)能量回收过程中制动、滑行均匀、平稳。

(4)行驶过程中,仪表显示屏工作正常。

(三)操作步骤

1. 检查丰田凯美瑞 HEV 前的高压断电操作

(1)佩戴绝缘手套前,务必检查其是否有破裂、磨损或其他形式的损坏。检查方法如图 9-9 所示。

(2)检查高压系统或断开带转换器的逆变器总成低压连接器前,务必采取安全措施,如佩戴绝缘手套并拆下维修塞把手以防电击。拆下维修塞把手后,放到自己的衣袋中,防止其他技师在你进行高压系统作业时将其意外重新连接,如图 9-10 所示。

a)将手套侧放　b)开口向上卷2~3次　c)对折开口以将其封死　d)确认没有空气泄漏

图 9-9　绝缘手套的检查

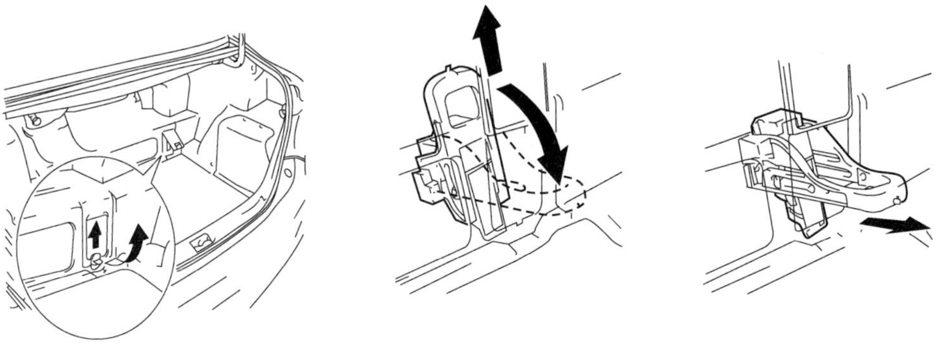

a)　b)　c)

图 9-10　拔下维修塞的操作顺序

(3)拆下维修塞把手后,将电源开关置于 ON(READY)位置可能会导致故障。除非《维修手册》规定,否则请勿将电源开关置于 ON(READY)位置。

(4)断开维修塞把手后,在接触任何高压连接器或端子前,至少等待 10min。

(5)将带转换器的逆变器总成内的高压电容器放电,至少需要 10min。

(6)检查带转换器的逆变器总成,检查点端子处的电压,如图 9-11、图 9-12 所示。

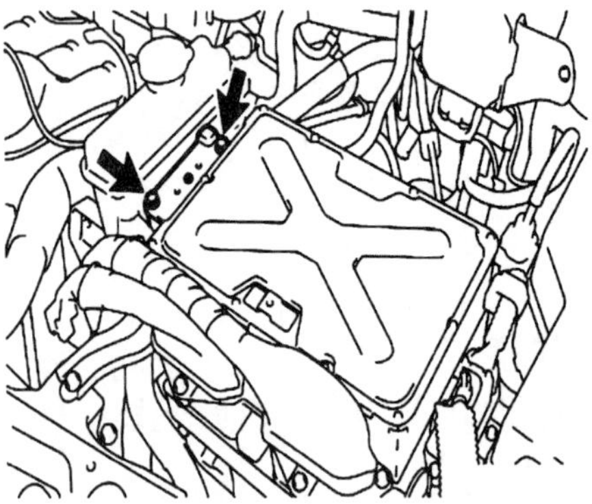

图 9-11　拆卸检查点端子罩盖

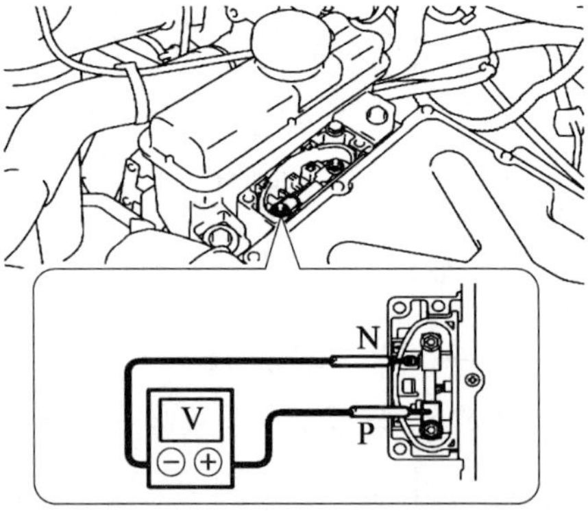

图 9-12　检查放电是否完毕

警告:务必佩戴绝缘手套。

①拆下 2 个螺栓和连接器盖总成,并拆下连接器盖后用非残留性胶带覆盖

开口,以防异物或液体进入。

②根据表 9-4 中的值测量电压。标准电压。将检测仪设置为 750V 或以上的直流以测量电压。

检查点电压参考值　　表 9-4

检测仪连接	条　　件	规定状态
检查点	拆下维修塞后经过 10min	0V

(7)在踩下制动踏板的情况下按下电源开关,将导致系统进入 READY-ON 状态。这非常危险,因为可能对检查区域施加高压。

(8)接触高压系统的任何橙色线束前,将电源开关置于 OFF 位置、佩戴绝缘手套,并从辅助蓄电池的负极(－)端子上断开电缆。

(9)执行任何电阻检查前,将电源开关置于 OFF 位置。

(10)断开或重新连接任何连接器前,将电源开关置于 OFF 位置。

(11)拆下高压连接器后,用绝缘胶带缠绕连接器,以防止其接触异物。

(12)维修车辆时,不要携带自动铅笔或刻度尺之类的金属物品,以免这些物品意外掉落导致短路。

(13)触碰裸露的高压端子前,要戴好绝缘手套,并用检测仪确定该端子的电压为 0V。

(14)使用"警告:高压,请勿触碰"的标示牌,告知其他技师正在检查或维修高压系统。

如果不能将电源开关置于 OFF 位置,则从发动机室继电器盒上拆下 IGCT 熔断器。确认 READY 灯熄灭,如图 9-13 所示。

2. 检查混合动力再生制动系统的注意事项

(1)蓄电池连接,踩下制动踏板或打开门控灯开关时,即使电源开关置于蓄电池连接,踩下制动踏板或打开门控灯开关时,即使电源开关置于 OFF 位置,制动系统也会激活。因此,蓄电池连接时,维修制动系统零部件期间,不要踩下制动踏板或打开位置,制动系统也会激活。因此,蓄电池连接时,维修制动系统零部件期间,不要踩下制动踏板或打开/关闭车门。

(2)放气时,必须使用智能检测仪。否则,放气不彻底,这很危险并可能导致事故。

(3)此车配备 SRS(辅助约束系统)。如果未按正确顺序进行维修操作,则可能会导致维修过程中 SRS 意外展开而造成严重事故。维修(包括检查、更换、拆卸和安装零件)前,一定要阅读辅助约束系统的注意事项。

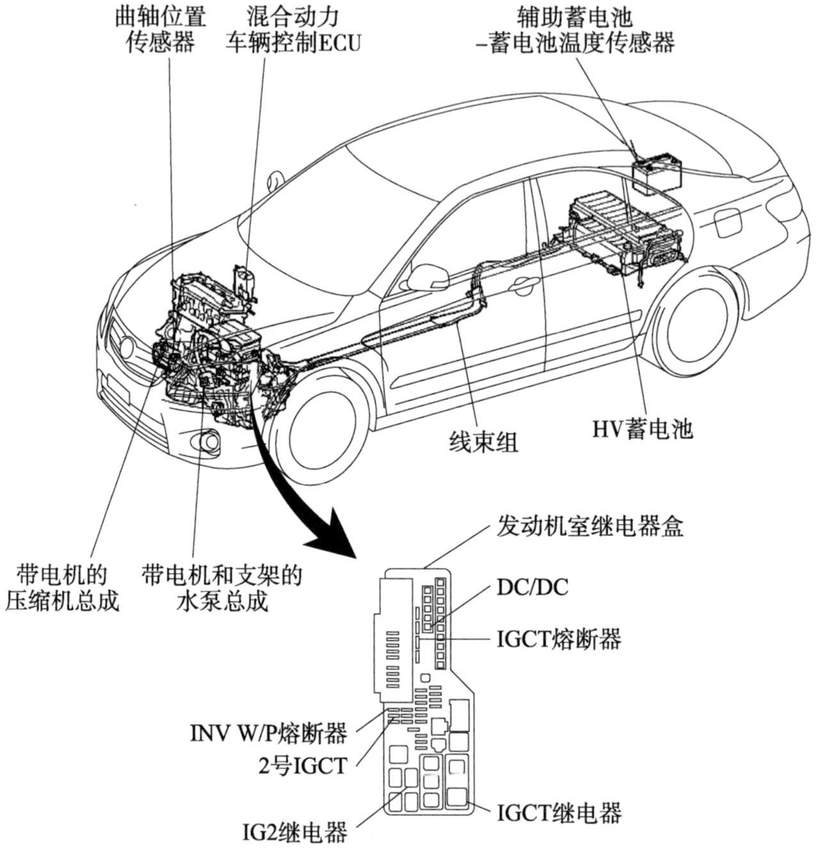

图 9-13　发动机室继电器盒

(4)由于制动管路是与安全相关的关键零件,如果发现制动液泄漏时,必须拆解并检查零部件。如果发现异常,则更换为新的零部件。

3. 故障描述及排除

故障描述及排除流程如图 9-14 所示。

注意:如果 HV 系统有 DTC 存在,确认信息码和优先顺序,检查和记录 FFD(每个系统)工作历史数据。当防滑控制 ECU 与混合动力车辆控制 ECU 进行通信,并根据电机的再生力控制制动力时,踩制动踏板先进入再生制动模式。

4. 维修总结

电动机/发电机的运行与普通的无刷电机运行时一样,会伴有均匀的"嗡嗡"的起动响声,这是说明再生制动系统进入正常的工作状态。如果响声随车速时大时小或响声比较尖锐时,均属不正常现象。最终检查发现,该车无制动系统故障,并对车主详细介绍混合动力汽车再生制动系统工作原理,消除客户的疑虑。

问诊接待

询问客户诊断性的问题以及正确检查汽车的初态，记录故障发生的时间、频率及何时何地发生等

↓

路试

结合客户描述症状进行路试后，没有体验到故障的症状。初步判断车况正常

↓

排除机械故障

完成常规的发动机、底盘等检查后，发现并未异常

↓

排除电控故障

排除电压不足和接触不良等情况后，检查和记录所有系统的DTC，发现并无任何故障码产生

图 9-14　故障描述及排除流程

三、任务测试(工作页)

(1)通过观察丰田凯美瑞 HEV 再生制动系统台架或整车(图 9-15),写出制动系统零部件的名称。

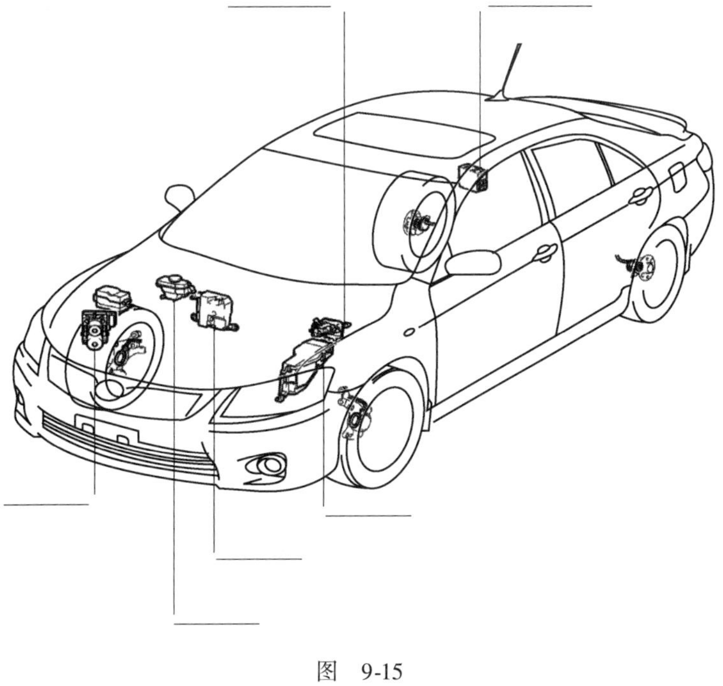

图　9-15

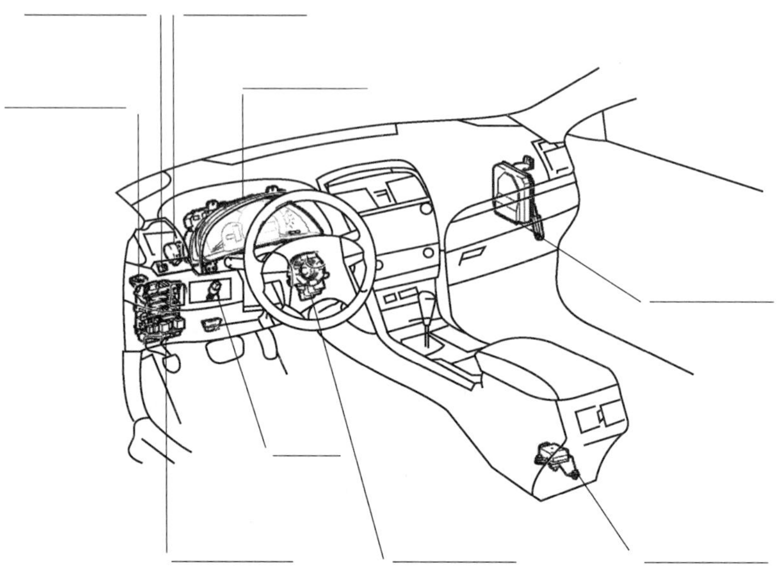

图 9-15　制动系统零部件名称

(2)完成下列选择题。

①哪种再生制动系统使用电子液压系统？________

A. 串联

B. 并联

C. 串联和并联

D. 既不是串联也不是并联

②动能是________。

A. 驾驶人施加在制动踏板上的能

B. 来自电池用于驱动汽车的能

C. 任何运动物体所具有的能

D. 发动机用于驱动汽车的能

③惯性是________。

A. 任何运动物体的能的质量

B. 停车时驾驶人踩在制动踏板上的力

C. 电机作用在主动轮上的力

D. 迅速加速时内燃机和电机一起作用在主动轮上的力

(3)在表 9-5 中填写你所检查丰田凯美瑞 HEV 再生制动系统的驱动装置组件的主要作用。

再生制动系统的驱动装置组件的作用　　表 9-5

名　　称	作　　用	备　　注
动力管理控制 ECU		
带逆变器的转换器		
制动防滑控制 ECU		
蓄能器		
高压蓄电池		
制动踏板行程传感器		

(4)完成下列填空。

①总制动力由再生制动力和液压制动力的分配组成,填写在图 9-16 中横线上。

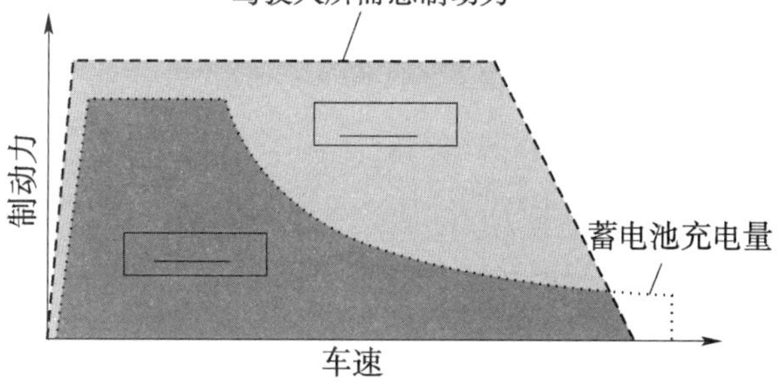

图 9-16　再生制动力和液压制动力的分配

②蓄电池________越大,阻力越________。

③请在图 9-17 中填写丰田凯美瑞 HEV 再生制动系统中的相关组成部分名称,填写在图中横线上。

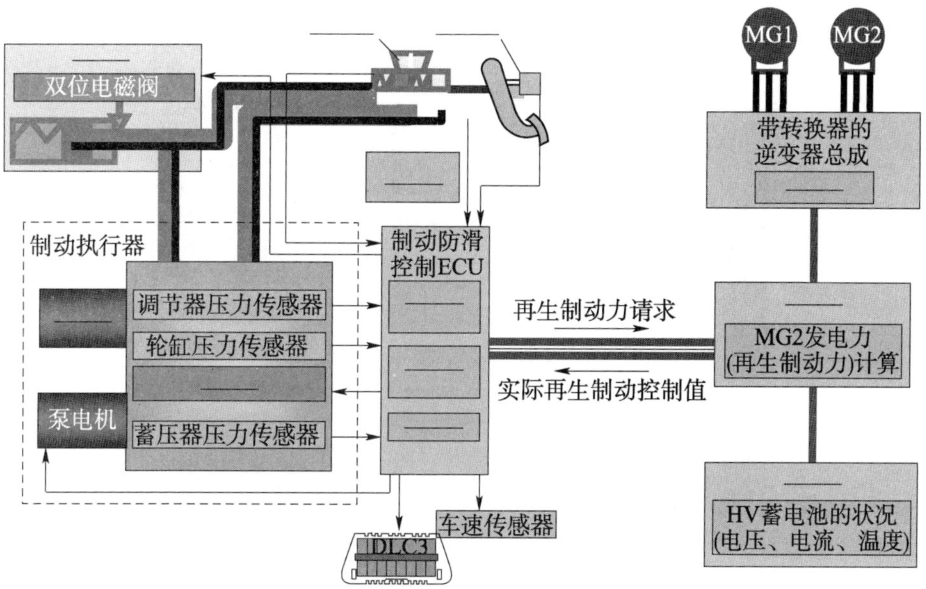

图 9-17　丰田凯美瑞 HEV 再生制动系统

知识链接

再生制动系统什么时候不工作?

有异常情况发生时不会产生再生制动。例如汽车在斜坡顶部时,如果电池电压较高,则下坡时使用再生制动装置会对电池造成过充电。而过充电对电池不好,所以此时控制器禁止再生制动系统工作,只允许基础制动器工作。这就是再生制动使用的主要条件即电池 SOC 低于 80% 时才能使用,也是电池的 SOC 低于 80% 再生制动系统参加工作的原因。电池 SOC 低于 80% 时才使用再生制动系统。使用制动系统时,为了防止人员受伤或者对汽车造成损害,技术人员应按以下操作:

(1)更换制动踏板时,必须进入诊断工具的“踏板检修模式”并且关闭自检测功能。这样能防止产生制动压力。

(2)断开液压控制单元电源连接。

(3)查看有关怎样转动点火开关进入“踏板检修模式”的使用信息。

“B”的意思是什么?

所有丰田混合动力汽车的换挡杆面板上或附近都有个位置标了“B”字,表示制动。下陡坡时要使用这个位置,能最优化再生制动。该位置能控制安全下坡而驾驶人无须使用基础制动器。用基础制动器只会浪费能量,因为这些能量能被捕捉回电池,也会导致制动器过热如图 9-18 所示。

图 9-18　雷克萨斯 RX 400h 车的换挡杆面板上的“B”位置

混合动力电动汽车上能用盘式制动器吗?

可以用。制动器转子要装在混合动力电动汽车上时,转子正被转动。大多数混合动力汽车上,前轮与牵引电机连接以驱动汽车行驶,且在减速及制动时能发电。主动轮转动时,电机/发电机正在发电。除非高压电路断开,否则不会产生危害。

什么是再生制动器?

THS-Ⅱ(丰田第二代混合动力系统)的制动控制系统采用了ECB(电子控制制动)系统,系统能根据驾驶人踩踏制动脚踏板所施加的力度和行程来计算制动力的大小。为了让驾驶人驾驶混合动力汽车尽可能感觉与其他汽车一样,丰田和本田的混合动力汽车上的再生制动器和传统制动器都用一个制动踏板控制。踏板行程的前半部分只单独操作再生制动器,随着踏板上压力的进一步增大,摩擦制动器也开始工作。目前,本田思域混合动力汽车把两种制动模式融合在一起,你完全感觉不到有两种制动器存在,其中丰田普锐斯更像一个二级踏板。

只有完全提起节气阀时才会发生再生制动。思域混合动力汽车中,(五、六速驱动桥内的)第四挡就像在减速,而普锐斯车再生制动感觉就没这么强。

再生制动器把车轮的动能应用到驱动电机上产生电。再生制动器本身看起来和传统的制动器一样,因为液压制动器没什么变化,像传统的制动器一样工作。最大的区别是通常汽车低速时车轮再生制动器才工作,制动器转子要装在混合动力汽车上时,转子正好被转动。大多数混合动力汽车上,前轮与驱动电机连接以驱动汽车行驶,且在减速及制动时能发电。主动轮转动时,电动机/发电机就会发电。除非高压电路断开,否则不会产生危害。而无论汽车是什么速度,传统的制动器都工作。试验说明,混合动力汽车上的制动器比传统车上的制动器更耐用。

液压制动器和踏板的磨损也会减少再生能量。下坡时仍会用基础制动器,虽然随着电池充的电越来越满,再生制动系统逐渐减少其制动作用,但是液压制动器却做越来越多的工作。低速时再生制动系统关闭,基础制动器踏板和转子完全工作。

注意:混合动力汽车的一个主要问题是制动器的转子和制动鼓会生锈、腐蚀。产生这些问题的原因是基础制动器一般仅在汽车低速时才使用。

多重 DTC 如何进行故障判断？

一个控制是通过两个或多个 ECU 的共同协作计算出来的，当其他相关 ECU（系统）发生故障，系统进入失效保护模式。关于确认储存“DTC”信息，其中每个 DTC 都有信息码[INF Code]，读取 DTC 时往往会有多重 DTC 出现，如图 9-19 所示。

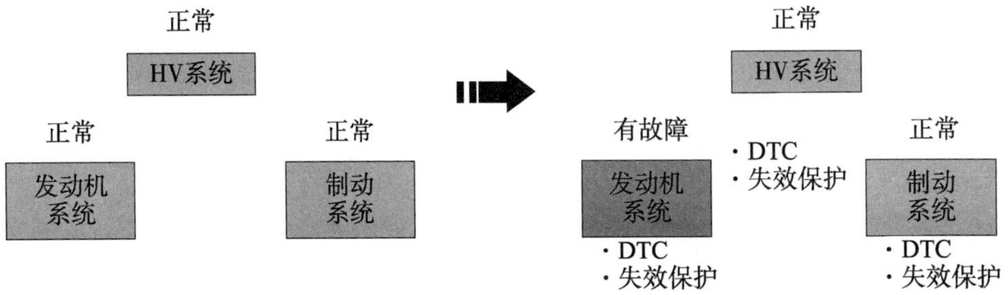

a)混合系统正常　　b)混合系统进入失效保护模式

图 9-19　失效保护模式下多重 DTC

防滑控制 ECU 发送 VSC 信号至混合动力车辆控制 ECU 并输入来自混合动力车辆控制 ECU 的工作信号。防滑控制 ECU 利用 CAN 通信与混合动力车辆控制 ECU 进行通信。如果存储了通信故障，则防滑控制 ECU 通过失效保护功能禁止 VSC 操作和部分电子控制制动系统控制。如果电源开关置于 ON(IG)位置，且 HV 蓄电池维修塞断开，则存储 C1259/58。其中混合动力车辆控制 ECU 发送故障信号至防滑控制 ECU 时，防滑控制 ECU 输出该 DTC。

学习任务 10　典型制动能量回收系统故障检测

学习目标

(1)说明混合动力汽车制动系统的组成结构。

(2)描述 THI-Ⅱ中电子控制制动系统的原理。

(3)能对制动踏板行程传感器的进行拆装与检修。

建议课时

8 课时。

任务描述

一台丰田凯美瑞混合动力汽车行驶了1.5万km，到4S店进行常规维护。作为4S店维修人员，你发现制动踏板橡胶皮已磨破，从行车安全角度考虑，为防止驾驶人踩制动时脚打滑，该车需要更换制动踏板。请你完成更换制动踏板的任务，并安装和校准制动踏板行程传感器。

一、信息收集

(一)丰田混合动力凯美瑞的电子控制制动系统

丰田THI-Ⅱ中的电子控制制动系统已经停止使用常规型制动助力器。该系统由制动输入、电源和液压控制部分组成，如图10-1所示。

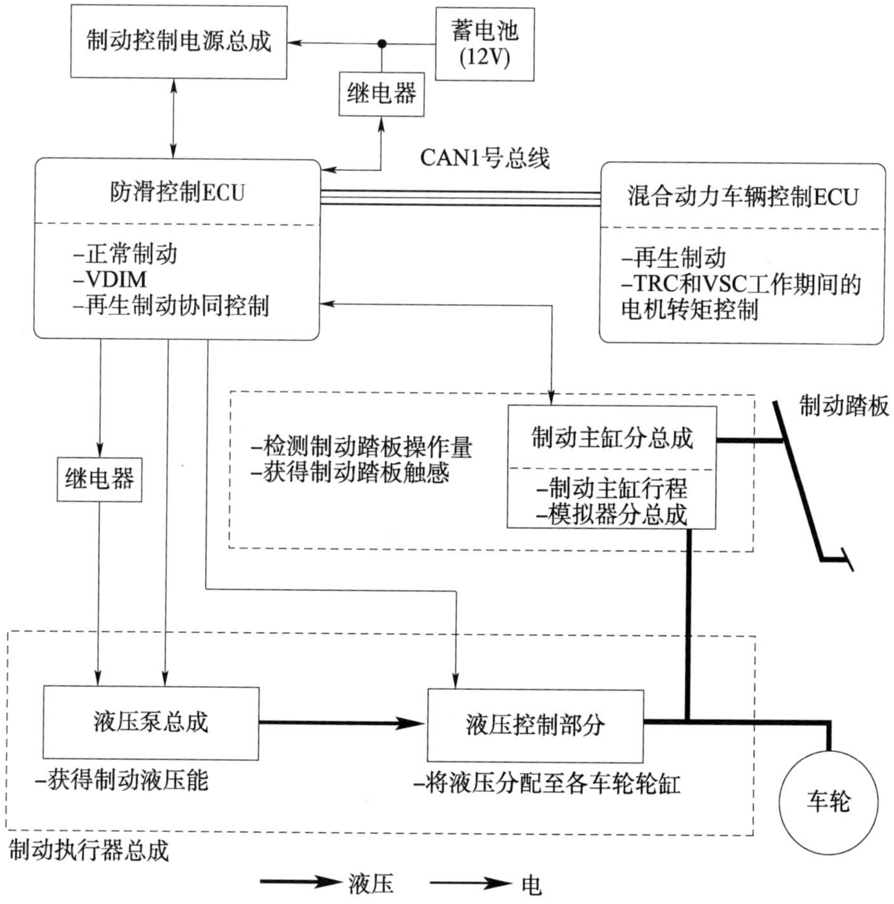

图10-1 丰田凯美瑞混合动力电子控制制动系统图

1. 制动系统各部分的作用

(1)正常制动期间,制动主缸分总成产生的液压并不直接驱动轮缸,而是用作液压信号。实际控制压力是通过调节制动执行器总成的液压获得的。调节后的液压驱动轮缸。

(2)电子控制制动系统根据传感器和ECU提供的信息对带EBD的ABS、制动辅助、TRC和VSC功能执行液压控制。

(3)制动控制电源总成用作辅助电源,以向制动系统稳定供电。

再生制动协同控制并不是单独依靠液压制动系统为驾驶人提供所需制动力。而是与混合动力控制系统一起进行协同控制,通过再生制动和液压制动提供制动力。由于该控制通过将动能转换为电能来回收动能,因而将正常液压制动中动能的浪费降到最低。

2. 制动原理

(1)再生制动由作为发电机的电动机/发电机(MG2)产生的对旋转的阻力构成。由发电产生的阻力与MG2转子的旋转方向相反,迫使其减速。产生的电流强度(蓄电池充电电流强度)越大,阻力就会越大,如图10-2所示。

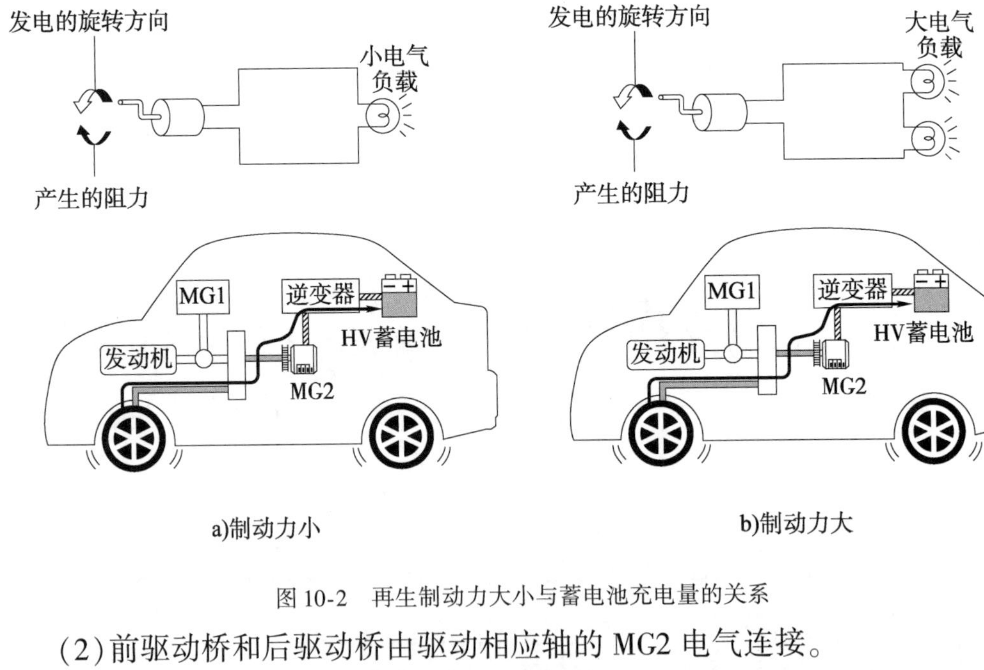

图10-2 再生制动力大小与蓄电池充电量的关系

(2)前驱动桥和后驱动桥由驱动相应轴的MG2电气连接。

(3)驱动轮的旋转运动驱动MG2,使其作为发电机运转。因此,由MG2发电产生的制动力传输至驱动轮。混合动力控制系统通过控制生成的电量对该制动力进行控制。

(二)混合动力汽车的制动系统主要零部件

混合动力汽车的制动系统中主要零部件,其相关功能见表 10-1。

HV 制动系统的各组成部件及功能介绍 表 10-1

<table>
<tr><th colspan="2">零 部 件</th><th colspan="2">功 能</th></tr>
<tr><td rowspan="3">制动执行器总成</td><td>液压控制部分</td><td colspan="2">(1)由 2 个主缸切断电磁阀、4 个施压电磁阀和 4 个减压电磁阀组成;
(2)2 个主缸切断电磁阀为双位置型电磁阀,由防滑控制 ECU 控制,用来打开和关闭主缸和轮缸之间的通道;
(3)4 个施压电磁阀和 4 个减压电磁阀为线性型电磁阀,这些电磁阀由防滑控制 ECU 控制,用来增大和减小轮缸内的液压;
(4)主缸压力传感器和轮缸压力传感器均安装在制动执行器内</td></tr>
<tr><td>蓄能器</td><td colspan="2">存储由液压泵总成提供的高压制动液,蓄能器内充满了高压氮气</td></tr>
<tr><td>液压泵总成</td><td colspan="2">向蓄能器提供高压制动液</td></tr>
<tr><td colspan="2">防滑控制 ECU</td><td colspan="2">根据从传感器接收的信号监视车辆的行驶状况,并通过与混合动力车辆控制 ECU 和动力转向 ECU 总成的协同控制计算出所需制动力的大小,并控制制动执行器总成</td></tr>
<tr><td colspan="2">制动主缸分总成</td><td colspan="2">(1)根据驾驶人施加至制动踏板的作用力大小产生液压;
(2)制动执行器总成的电源部位出现故障时,制动主缸分总成将液压(由制动踏板的作用力产生)直接供应至轮缸</td></tr>
<tr><td rowspan="3">组合仪表总成</td><td>制动警告灯</td><td colspan="2">红色(故障):
(1)点亮以警告驾驶人防滑控制 ECU 检测到制动力分配故障;
(2)施加驻车制动或制动液液位低时点亮,以告知驾驶人;
黄色(轻微故障):
点亮以警告驾驶人制动系统中发生了不影响制动力的轻微故障</td></tr>
<tr><td>ABS 警告灯</td><td colspan="2">防滑控制 ECU 检测到 ABS 或制动辅助故障时点亮,以警告驾驶人</td></tr>
<tr><td>多信息显示屏</td><td colspan="2">防滑控制 ECU 检测到制动控制系统故障时,将显示诊断故障码(DTC)</td></tr>
<tr><td colspan="2" rowspan="2">制动主缸行程模拟器总成</td><td colspan="2">制动期间根据驾驶人对踏板施加的力产生踏板行程</td></tr>
<tr><td>行程模拟器切断阀</td><td>电子控制制动系统工作时,使制动主缸分总成产生的液压流入制动主缸行程模拟器总成</td></tr>
</table>

1. 制动执行器

制动执行器总成由液压控制部分、蓄能器、液压泵总成、减压阀、2 个电机继电器和蓄能器压力传感器组成。制动执行器总成的组成零部件及其作用，见表 10-2。

制动执行器的零部件及功能介绍　　表 10-2

零部件	功能
主缸切断电磁阀(双位置型)	(1)启动制动系统时，该阀切断制动主缸分总成和轮缸之间的液压通道； (2)制动系统停止或液压动力源部位部位出现故障时，电磁阀打开，以保持至前轮缸的液压通道并确保制动。但此时要用比正常时更大的力来踩下制动踏板
施压电磁阀(线性型)	由防滑控制 ECU 控制，用来调节来自蓄压器的液压以增大至轮缸的液压
减压电磁阀(线性型)	该阀由防滑控制 ECU 控制，用来调节液压以减小至轮缸的液压
减压阀	如果由于蓄压器压力传感器故障使泵和泵电机持续运转，则使制动液流回储液罐以防止压力过高
主缸压力传感器	主缸压力传感器将制动主缸分总成产生的液压转换为电信号并传输至防滑控制 ECU。相应地，防滑控制 ECU 判定驾驶人所需的制动力
轮缸压力传感器	这些传感器检测施加至相应轮缸的液压，并以反馈的形式将液压传输至防滑控制 ECU。相应地，防滑控制 ECU 监视轮缸的液压，并控制施压电磁阀和减压电磁阀，以获得最佳轮缸压力
蓄能器压力传感器	蓄能器压力传感器持续检测蓄能器内的制动液压并将信号传输至防滑控制 ECU。相应地，防滑控制 ECU 控制液压泵总成
蓄能器	存储由液压泵总成提供的高压制动液。蓄能器内充满了高压氮气
液压泵总成	向蓄能器提供高压制动液

(1)液压控制部分。

包括 10 个电磁阀和 6 个压力传感器构成：2 个主缸切断电磁阀、4 个施压电磁阀、4 个减压电磁阀、2 个主缸压力传感器和 4 个轮缸压力传感器，如图 10-3 所示。

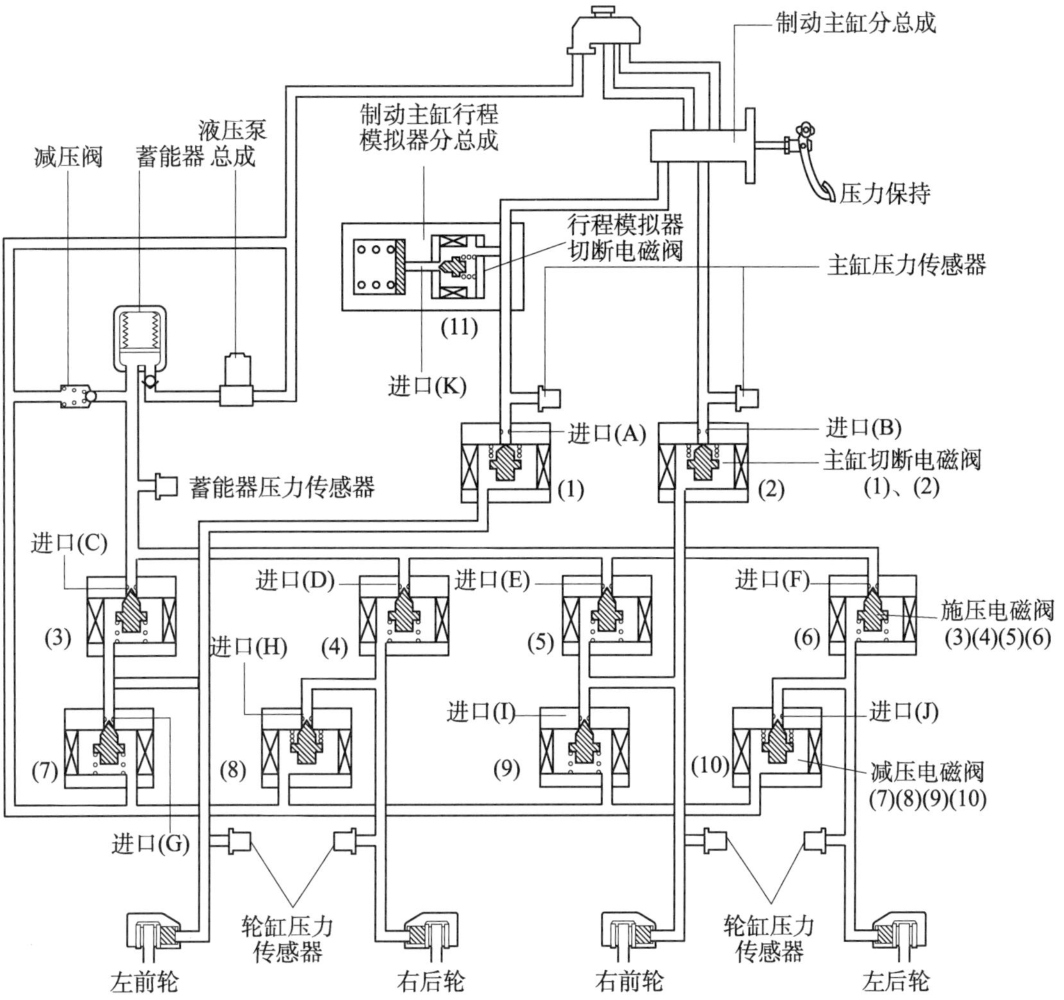

图 10-3　丰田凯美瑞再生制动系统部件显示主缸和压力开关

以丰田凯美瑞混合动力车型为例,其制动系统运作如图 10-4 所示。

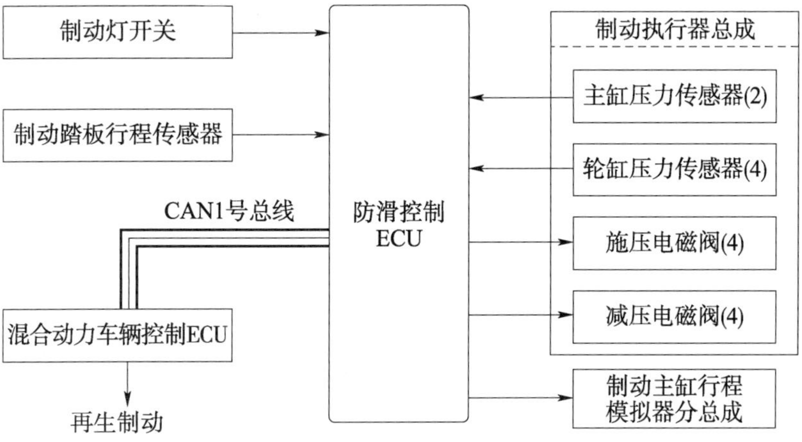

图 10-4　制动系统运作

正常制动(带再生制动协同控制)期间,主缸切断电磁阀闭合且至轮缸的液压回路保持独立。因此,制动主缸分总成产生的液压不会直接使轮缸工作。防滑控制 ECU 根据从主缸压力传感器和制动踏板行程传感器接收的信号计算驾驶人所需的制动力。然后,防滑控制 ECU 根据所需制动力计算出再生制动力值并将此计算值传输至混合动力车辆控制 ECU。接收到此值后,混合动力车辆控制 ECU 立即产生再生制动力。同时,混合动力车辆控制 ECU 将实际再生制动力值传输至防滑控制 ECU。防滑控制 ECU 控制电磁阀以使液压制动系统产生制动力值(由驾驶人所需制动力的值减去再生制动执行值得出)。

①增压。

防滑控制 ECU 根据从主缸压力传感器和制动踏板行程传感器接收的信号计算目标轮缸压力(等于驾驶人所需的制动力)。防滑控制 ECU 将轮缸压力传感器信号和目标轮缸压力进行比较。如果轮缸压力低于目标轮缸压力,则防滑控制 ECU 使用制动执行器增压。于是,蓄能器中的液压进入轮缸。此外,此原理与根据再生制动力的变化必须增大液压制动力以执行协同控制时相同,如图 10-5所示。

②压力保持。

防滑控制 ECU 根据从主缸压力传感器和制动踏板行程传感器接收的信号计算目标轮缸压力(等于驾驶人所需的制动力)。防滑控制 ECU 将轮缸压力信号与目标轮缸压力进行比较。如果二者相等,则防滑控制 ECU 将制动执行器控制在保持状态。于是,轮缸将保持恒定压力。

③减压。

防滑控制 ECU 根据从主缸压力传感器和制动踏板行程传感器接收的信号计算目标轮缸压力(等于驾驶人所需的制动力)。防滑控制 ECU 将轮缸压力信号与目标轮缸压力进行比较。如果轮缸压力高于目标轮缸压力,则防滑控制 ECU 使用制动执行器减压。于是,轮缸压力减小。此外,此原理与根据再生制动力的变化必须减小液压制动力以执行协同控制时相同,如图 10-6 所示。

产生再生量的多少主要由主缸压力传感器的输出信号指示。压力传感器输出的电压范围为 0.4 ~ 3.0V,电压随压力的增加而变大。如果传感器输出的电压不在 0.14 ~ 4.4V 范围之内,或者如果传感器的输出电压在 5V 供应电压的一定比例之外,会被视为有故障。

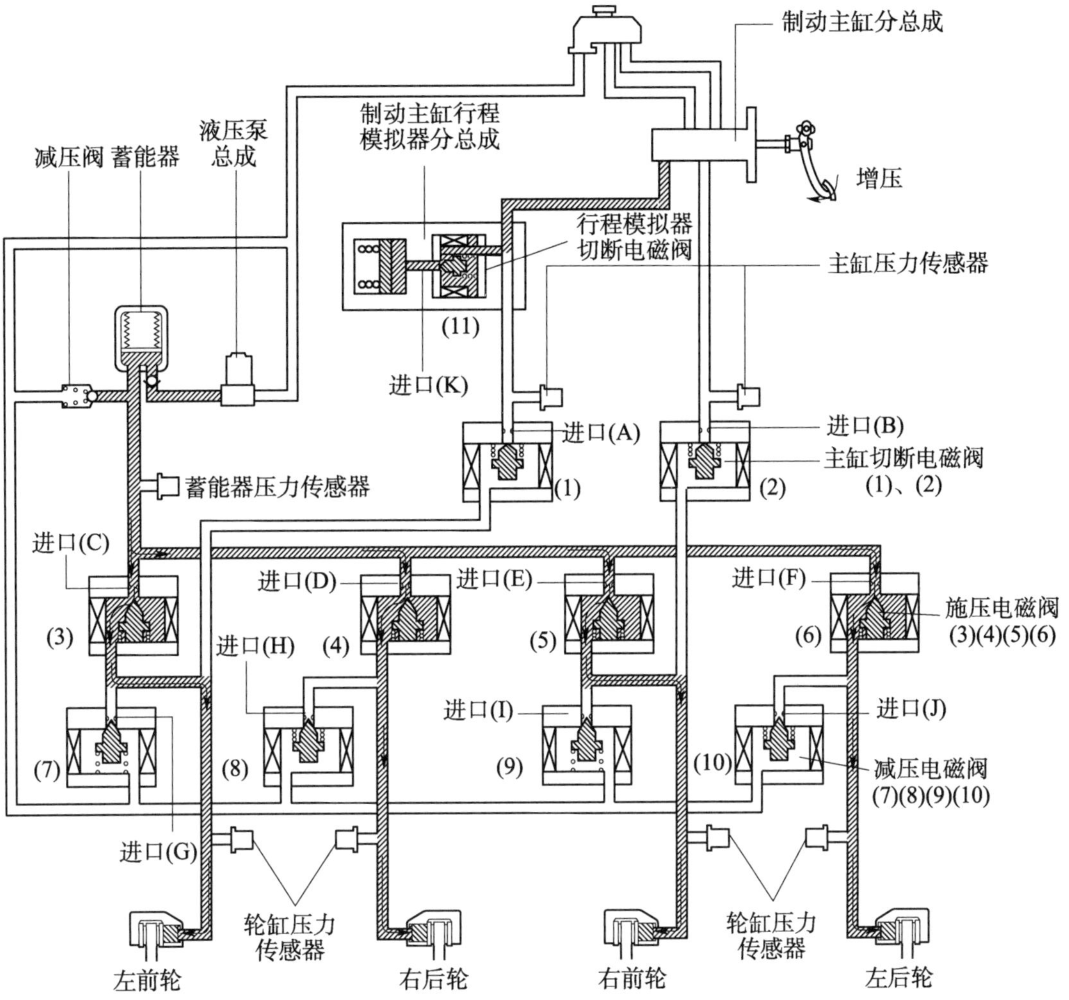

图 10-5　液压控制中增压环节

④液压运作(失效时)。

主缸压力传递到轮缸。当制动系统有故障时双位电磁阀关闭,假如在制动失效时双位电磁阀打开,制动液流至制动模拟器,使得轮缸压力上升就会延时,如图 10-7 所示。

(2)蓄能器。

蓄能器内充满并密封有高压氮气。此外,还采用金属波纹管以增强蓄能器的气密性,如图 10-8 所示。

(3)液压泵总成。

总成采用柱塞型泵,该泵由电机驱动的凸轮轴的旋转推动运行,然后向蓄能器提供高压液体,如图 10-9 所示。

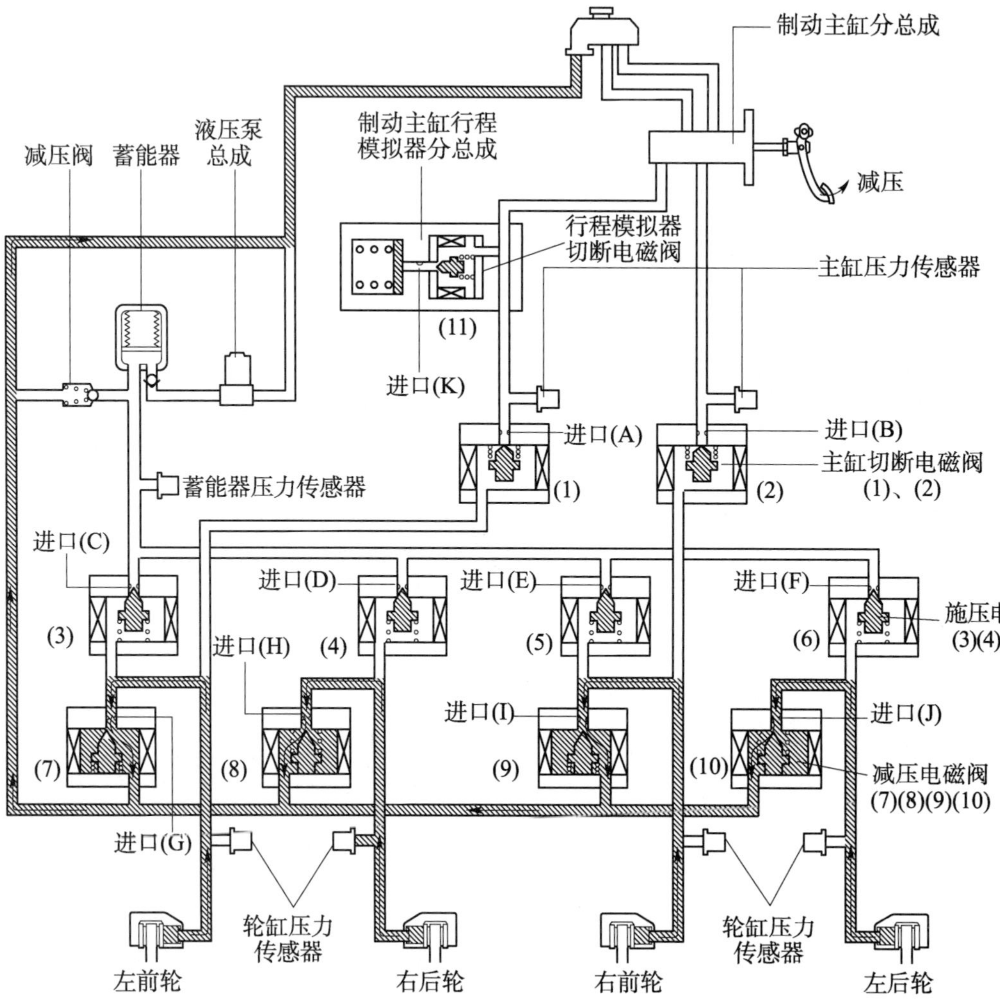

图 10-6　液压控制中减压环节

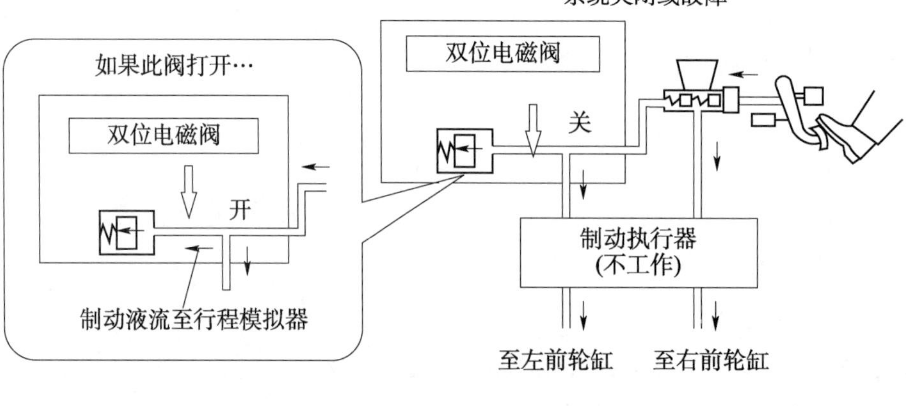

图 10-7　系统关闭或故障时双位电磁阀关闭

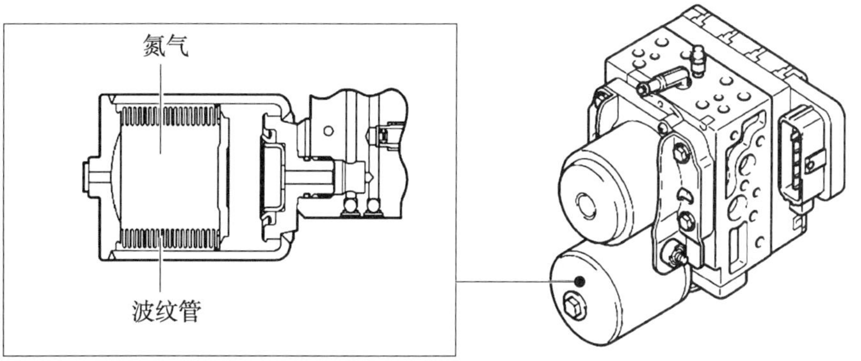

图 10-8 蓄能器

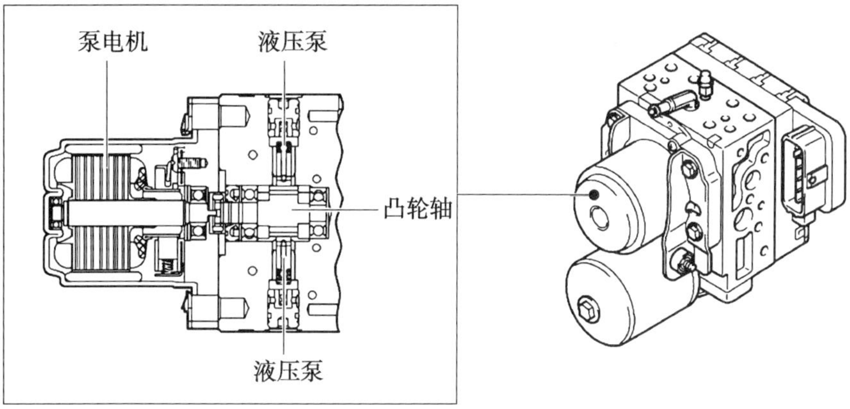

图 10-9 液压泵总成

工作情况：

由液压泵总成排放的制动液通过单向阀并存储在蓄能器内。存储在蓄能器内的液压用于为正常制动和制动控制提供所需的高压液体。

电机继电器由下列继电器组成,其有不同的液压泵执行转速:ABS MTR1 继电器(低转速)和 ABS MTR2 继电器(高转速)。一般采用具有较低液压泵转速的 ABS MTR1 继电器。由于需要更多液压而导致液压迅速下降时(如进行 ABS 液压控制),采用具有较高液压泵转速的 ABS MTR2 继电器。如果一个继电器出现故障,则用另一个继电器来激活液压泵和泵电机,如图 10-10 所示。

蓄能器压力传感器持续监视蓄能器内的压力并将其传输至防滑控制 ECU。如果蓄能器压力低于设定压力,则防滑控制 ECU 将激活信号发送至电机继电器以驱动泵工作,直到蓄能器内的压力达到设定压力。

①如果液压泵自动持续运转(如因蓄能器传感器故障),则蓄能器内会产生高压。此时减压阀将打开以使制动液回流至储液罐,以限制蓄能器压力,如图 10-11所示。

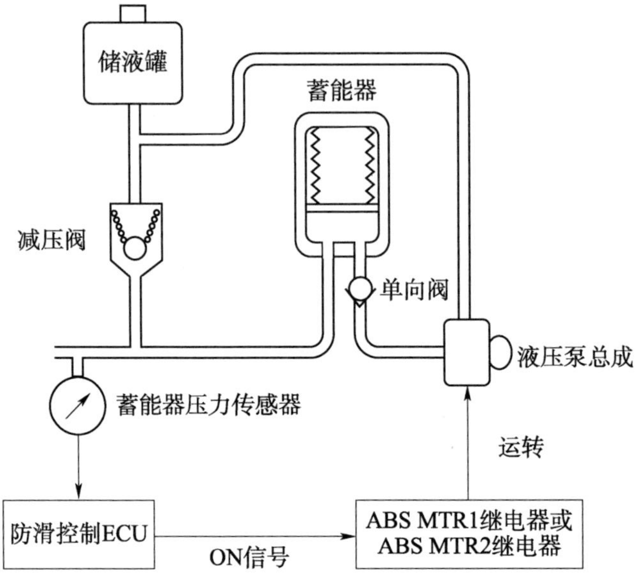

图 10-10　液压泵总成的工作原理

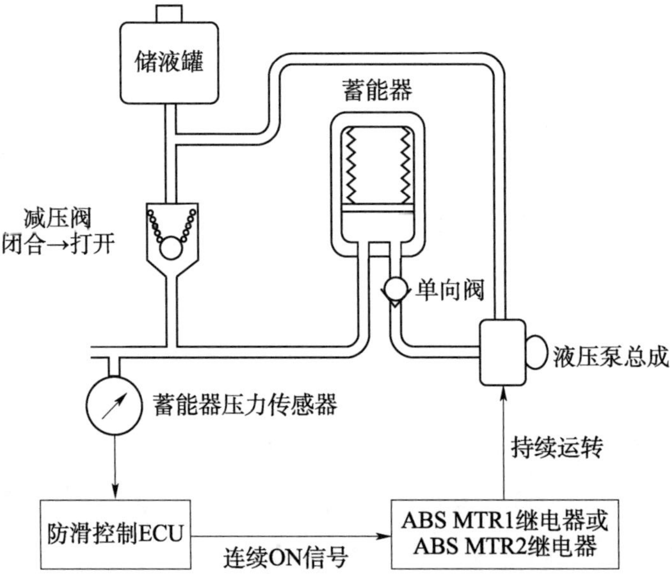

图 10-11　液压泵总成出现持续运转故障

②如果蓄能器压力异常降至 ECU 的压力设定值以下,则防滑控制 ECU 使制动警告灯/红色、制动警告灯/黄色、ABS 警告灯和打滑指示灯点亮。然后,防滑控制蜂鸣器总成鸣响以警告驾驶人异常液压,如图 10-12 所示。

(4)制动踏板行程传感器。

该传感器(包含触点式可变电阻器,有主、副两条电路)检测制动踏板的行程量并将其传输至防滑控制 ECU。制动踏板行程传感器用以检测制动踏板行程。如图 10-13、图 10-14 所示。

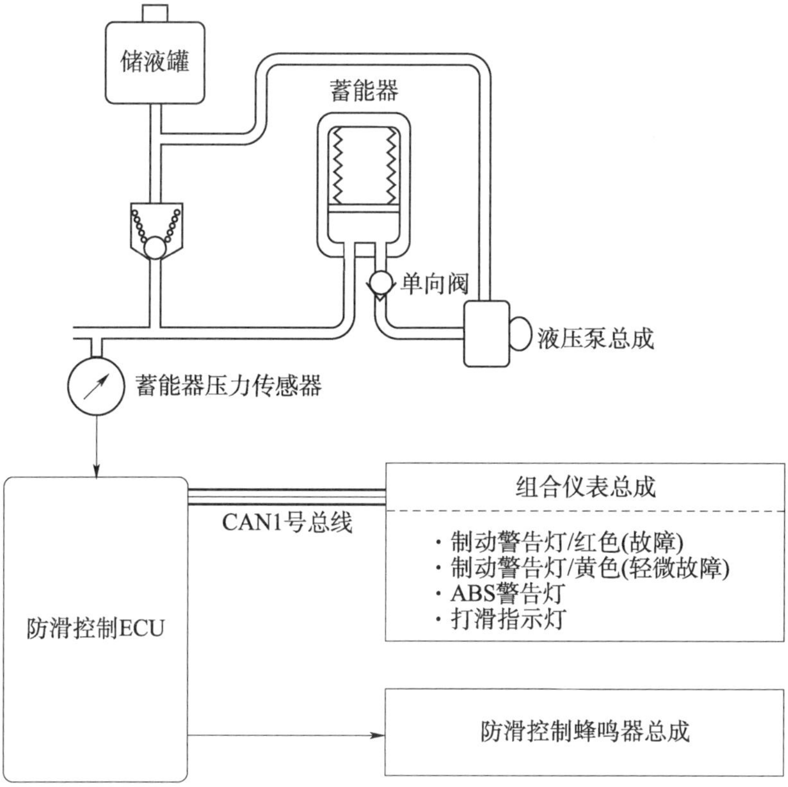

图 10-12 蓄能器压力异常

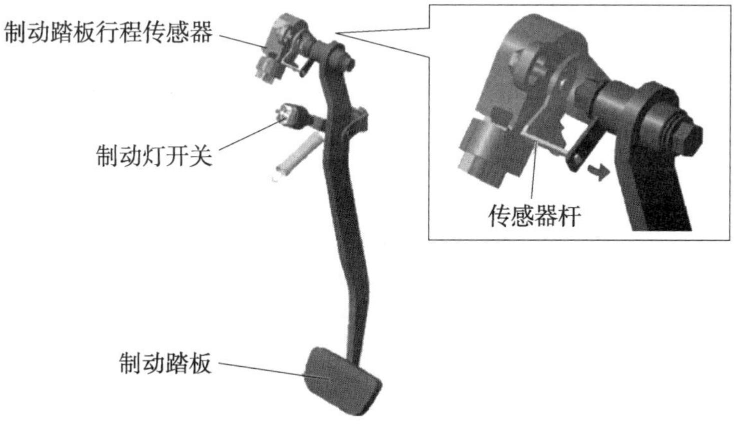

图 10-13 制动踏板行程传感器安装位置

没有触发制动踏板开关时,ECU 看传感器发出的制动压力信号,用它作为初始值。制动踏板被推动时,ECU 检查初始值与制动踏板上的值之间的差距,然后根据该差值设定再生值。

更换制动踏板行程传感器要注意将传感器杆被销固定在“0”行程(安装未完成时不要拆下销)。在此状态下将制动踏板上的传感器(在 OFF 状态)安装到车辆上。安装完毕后,用力踩下制动踏板一次,以断开将传感器固定到位的销子。确保断开的销子没有留在传感器杆内。更换制动踏板行程传感器后,需要对防滑控制 ECU 侧的制动踏板行程传感器进行初始化。

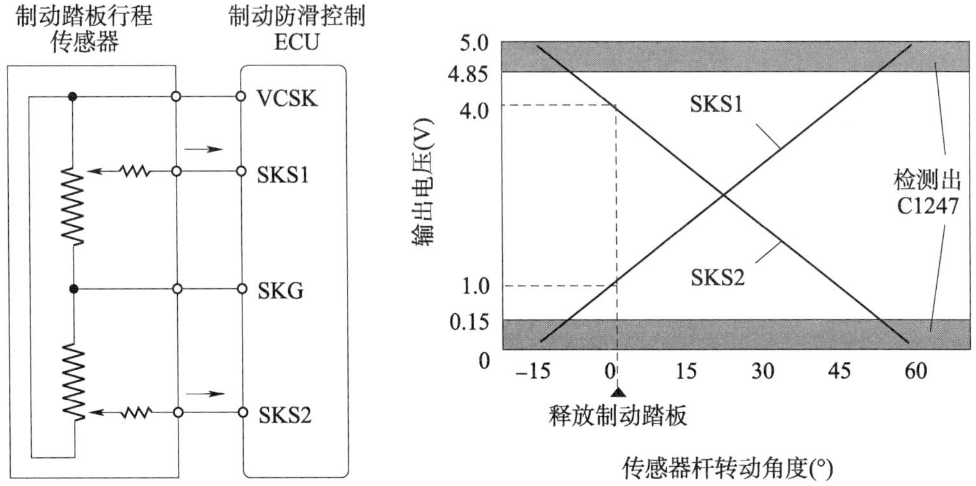

图 10-14　制动踏板行程传感器端口连接及数据变化

(5)制动主缸行程模拟器总成。

制动主缸行程模拟器总成由两种具有不同弹簧系数的螺旋弹簧和行程模拟器切断阀组成。制动时,制动主缸行程模拟器总成根据驾驶人对踏板施加的力产生踏板行程。制动主缸行程模拟器总成(包含两种具有不同弹簧系数的螺旋弹簧)提供与主缸压力相关的两个阶段的踏板行程特性,如图 10-15 所示。

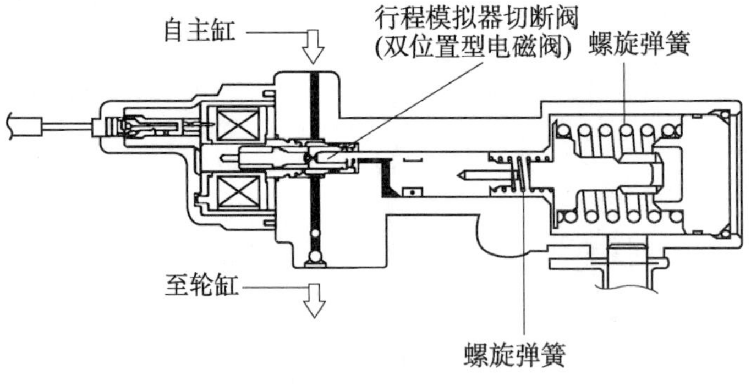

图 10-15　制动主缸行程模拟器总成结构

2. ECB 警告灯

(1)黄色(轻微故障)说明。

点亮以警告驾驶人制动系统中发生了不影响制动力的轻微故障,如图 10-16 所示。

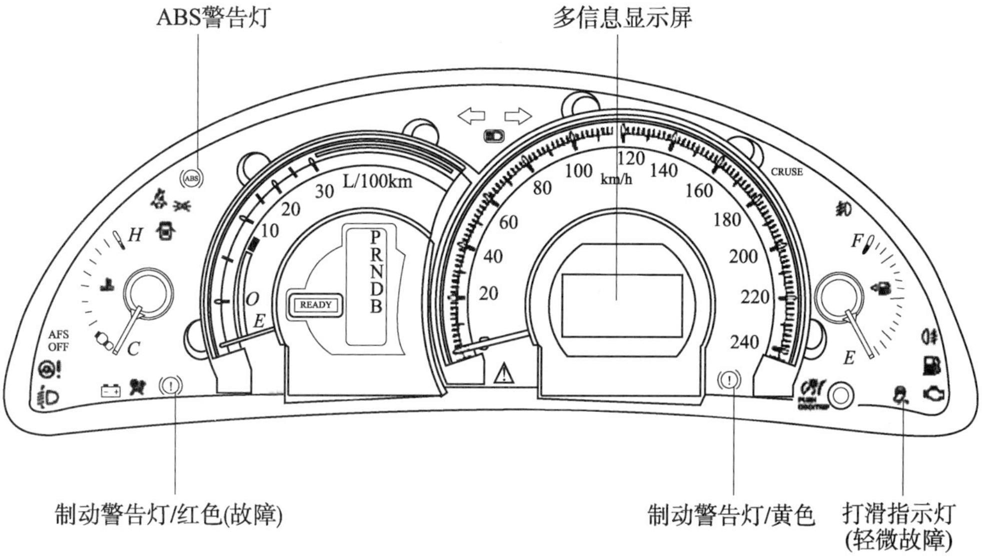

图 10-16 组合仪表

(2)红色(故障)说明。

①点亮以警告驾驶人防滑控制 ECU 检测到制动力分配故障。

②施加驻车制动或制动液液位低时点亮,以告知驾驶人。

③防滑控制 ECU 连接器从防滑控制 ECU 上断开。

3.备用电源装置

制动控制电源总成用作辅助电源,以向制动系统稳定供电,如图 10-17 所示。此单元含有 12 个电容器单元,用来存储车辆电源(12V)提供的电荷,如图 10-18所示。车辆电源的电压下降时,电容器单元内存储的电荷作为辅助电源供给制动系统。HV 系统停止工作时,备用电源装置就处于放电状态。在车辆起动后,会对备用电源装置进行充电。

图 10-17 制动控制电源安装位置

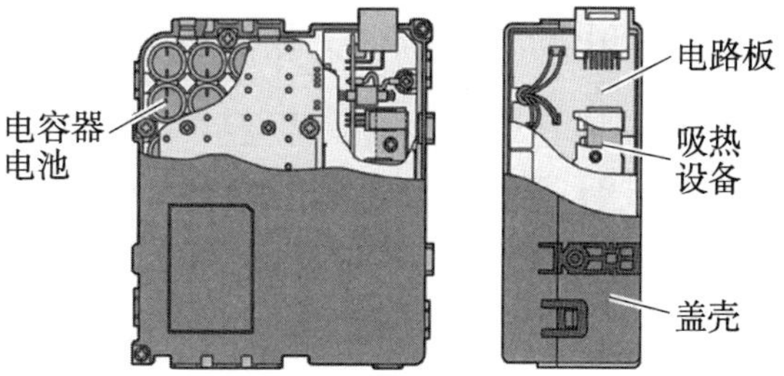

图 10-18 制动控制电源总成结构

电源开关置于 OFF 位置后,此单元立即处于放电状态,且电容器内有部分余压。因此,从车辆上拆下备用电源装置,或打开并检查备用电源装置箱前,务必检查是否存在余压并在必要时放电。

二、任务实施

(一)准备工作

(1)针对本实训室的丰田凯美瑞 HEV(或实训台架)的再生制动系统,每个小组做出一份检查组成及工作过程的实训计划。

(2)准备需要的具体材料,见表10-3。

准备材料表　　表10-3

类　别	序　号	名　称	数　量
学材、教材	1	新能源汽车底盘检修学材、工作页	1
实训设备	2	丰田凯美瑞 HEV 再生制动系统台架	2
	3	丰田凯美瑞 HEV 汽车,举升机	1
实训环境	4	新能源汽车一体化教学场地	1

(二)技术要求与注意事项

1. 作业安全

(1)进行高压电路维护时,工作区域应用隔离栏隔离,并悬挂警示牌。

(2)进行高压电路维护的人员应经专业培训合格。

(3)进行高压电路维护时,应佩戴符合技术要求的绝缘手套、绝缘鞋,使用绝缘工具。

(4)进行高压电路维护时,应断开高压电路,直到整车维护作业完成后才能接通。

(5)进行动力蓄电池组维护时,应先断开低压电源。

(6)禁止同时接触动力蓄电池组的正负极。

(7)禁止用水直接清洗电气系统部件。

(8)进行高压系统绝缘检测时,应断开高压电路和重要总成。

2. 技术要求

(1)混合动力电动汽车维护的分级和周期应符合 GB/T 18344 的要求。

(2)混合动力电动汽车维护作业时,依次进行电动系统专用装置维护作业、天然气专用装置维护作业和常规车辆维护作业。天然气专用装置维护作业按 GB/T 27876 或 JT/T 1009 的规定进行,常规车辆维护作业按 GB/T 18344 的规定进行。

3. 日常维护

(1)电动系统专用装置日常维护应在出车前、行车中和收车后进行。

(2)出车前、行车中和收车后,均应检查仪表显示屏主界面,发现故障报警信息及时报修。

(3)出车前和收车后,插电式混合动力电动汽车还应检查动力蓄电池组剩余电量,不足时应及时充电。

(4)收车后,还应检查设备舱门锁是否完好、有效。

4. 检验要求

混合动力汽车常规车辆二级维护竣工检验按 GB/T 18344、GB/T 27876 和 JT/T 1009 进行。

混合动力汽车二级维护竣工检验应符合紧固程度、绝缘性能、安全标志和路试等检验要求。

5. 紧固检验

动力蓄电池组、逆变器、制动踏板总成、制动执行器、防滑控制 ECU 等电路及其他专用装置等主要部件的安装,应符合汽车生产厂相关维护技术要求,卡箍应位置合理、固定牢固。

6. 路试检验

车辆通电后,检查仪表显示屏主界面,应无故障报警信息。动力蓄电池组剩余电量应符合要求。

起动车辆,在车辆行驶过程中应满足:

(1)车辆起动平稳,电气系统工作正常;

(2)加速平稳,无明显冲击感;

(3)能量回收过程中制动、滑行均匀、平稳;

(4)行驶过程中,仪表显示屏工作正常。

(三)操作步骤

1. 拆卸制动踏板总成

拆卸方法如图 10-19 所示。

2. 拆卸制动踏板行程传感器

(1)断开制动踏板行程传感器连接器,如图 10-20 所示。

(2)拆下 2 个螺栓和制动踏板行程传感器,如图 10-21 所示。

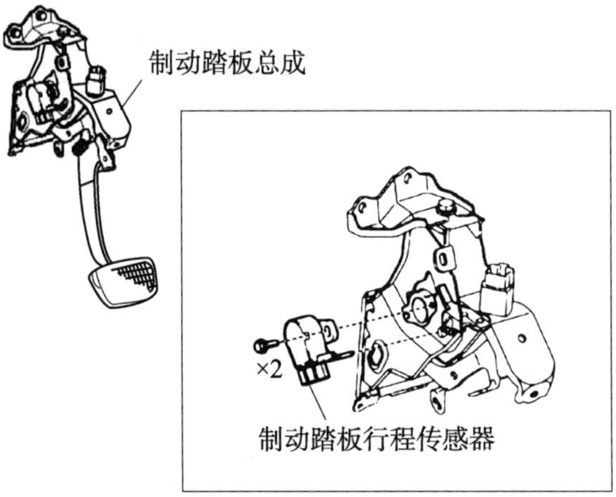

图 10-19　制动踏板总成

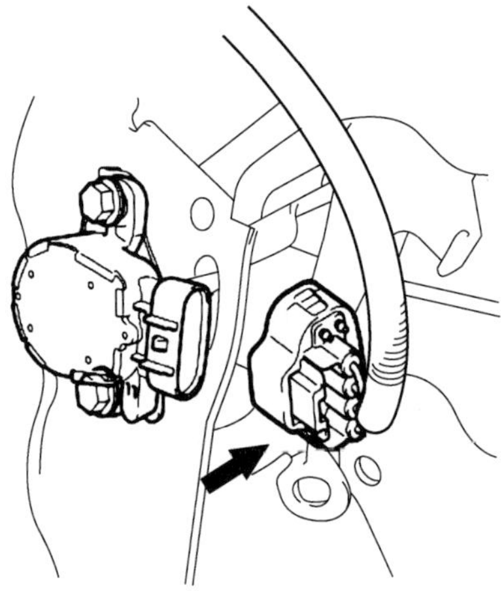

图 10-20　拔下连接器

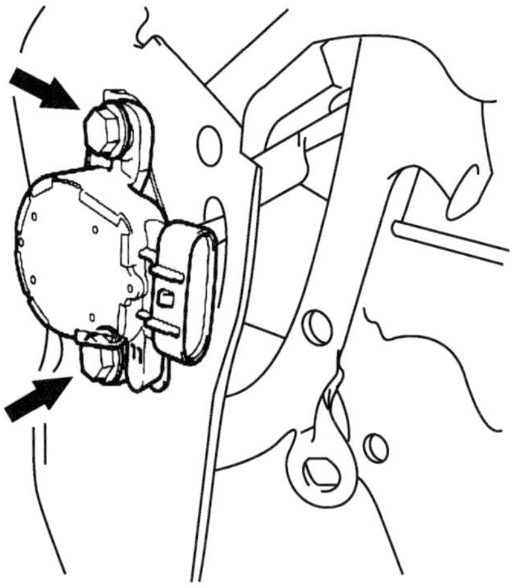

图 10-21　拆下固定螺栓

3. 断开设定销

用力踩下制动踏板,以断开制动踏板行程传感器杆设定销(图 10-22)。

图 10-22　制动踏板行程传感器杆设定销

4. 拆下断开的杆设定销

5. 检查电子控制制动系统

(1)检查辅助蓄电池电压。

标准电压:11 ~ 14V(如果电压低于 11V,则在转至下一步前对辅助蓄电池充电)。

(2)连接制动踏板行程传感器连接器。

①用 2 个螺栓暂时安装制动踏板行程传感器。

②将连接器连接到制动踏板行程传感器上。

③将电缆连接到蓄电池负极(–)端子上。

④如图所示,电源开关置于 OFF 位置时,将智能检测仪连接到 DLC3。

⑤将电源开关置于 ON(IG)位置。

注意:将电源开关置于 ON(IG)位置后不要踩下制动踏板。

⑥打开智能检测仪。进入以下菜单:Chassis/ABS/VSC/TRC/Data List。

⑦读取数据列表中行程传感器的值,缓慢向右和向左转动传感器以将输出电压调节为标准电压。标准电压:0.8 ~ 1.2V。

⑧连接 DLC3 端子后,读取到 DTC 码为 C1392/48。查阅《维修手册》可确定故障部位,见表 10-4。

HV 制动系统的各组成部件及功能介绍　　表 10-4

DTC 代码	INF 代码	DTC 检测条件	故障部位
C1392/48	—	行程传感器的零点校准未完成	(1)制动踏板行程传感器零点校准未完成(线性电磁阀的初始化和校准未完成);(2)防滑控制 ECU

利用诊断系统对车辆进行故障排除时,读取车辆防滑控制 ECU 输出的各种数据。电子控制制动系统根据来自制动踏板行程传感器的信号检测制动踏板的踩下量。电子控制系统使用防滑控制 ECU 为各车轮调节液压源提供的压力,产生最佳制动力。其中制动踏板行程传感器(线性电磁阀)每次拆装或更换都必须进行初始化和零点校准。电路图如图 10-23 所示。

6. 检查程序

(1)检查制动踏板。

①检查并确认已正确安装制动踏板和制动踏板行程传感器,且可以正常操作踏板。

②检查并调节制动踏板高度。

③调节制动踏板行程传感器。

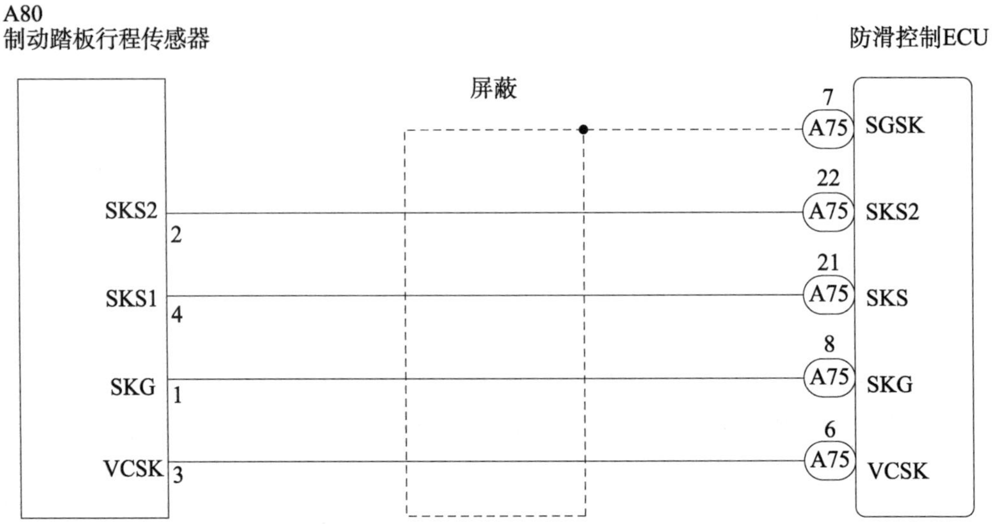

图 10-23　制动踏板行程传感器与防滑控制 ECU 连接端子

(2)检查制动踏板行程传感器。

如果发生下列任一情况,则更换为新的制动踏板行程传感器:

①制动踏板行程传感器的表面出现破裂、凹痕或缺口。

②连接器有划痕、破裂或受损。

③制动踏板行程传感器曾经掉落。

(3)检查线束和连接器(防滑控制 ECU 制动踏板行程传感器)。

①确认防滑控制 ECU 连接器和制动踏板行程传感器连接器已连接。

②断开防滑控制 ECU 连接器和制动踏板行程传感器连接器。

③检查连接器壳和端子是否变形和腐蚀(正常为无变形或腐蚀)。

④根据表 10-5 中的值测量电阻。

踏板行程传感器与防滑控制 ECU 连接端参考电阻　　表 10-5

检测仪连接	条　件	规 定 状 态
A75-6(VCSK)—A80-3(VCSK)	始终	<1Ω
A75-6(VCSK)—车身搭铁	始终	≥10kΩ
A75-8(SKG)—A80-1(SKG)	始终	<1Ω
A75-8(SKG)—车身搭铁	始终	≥10kΩ
A75-21(SKS)—A80-4(SKS1)	始终	<1Ω
A75-21(SKS)—车身搭铁	始终	≥10kΩ
A75-22(SKS2)—A80-2(SKS2)	始终	<1Ω
A75-22(SKS2)—车身搭铁	始终	≥10kΩ

异常则维修或更换线束或连接器。

(4)执行线性电磁阀的初始化。

①连接手持式检测仪到 DLC3 上(点火开关在 OFF,P 挡,驻车制动 ON)。

②把点火开关打到 ON。

③使用手持式检测仪进入到"RESET MEMORY"(清除校准值)。

(5)执行线性电磁阀的校准。

①点火开关打到 READY,同时进入到手持式检测仪"信号检查",如图 10-24所示。

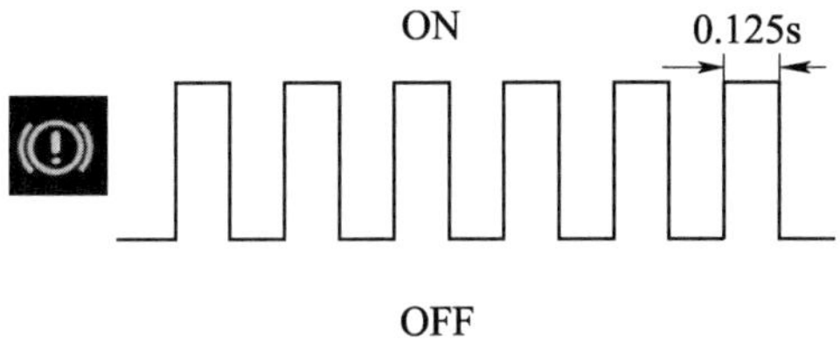

图 10-24　信号波形

②等 1 ~ 2min(此时不要踩制动踏板),直到制动警告灯闪烁频率由 1Hz 变为 4Hz。

注意:1Hz = 表示正在执行校准。

(6)重新确认 DTC。

①将电源开关置于 OFF 位置。

②清除 DTC。

③执行路试。

④检查是否记录相同的 DTC,确认无输出 DTC(C1392/48)。

7. 安装

(1)调节制动踏板高度。

(2)调节制动踏板自由行程及余量。

(3)安装制动踏板行程传感器。

用 2 个螺栓安装新的制动踏板行程传感器,重新插上连接器。

注意:

①使制动踏板行程传感器杆与制动踏板孔接合。

②检查并确认制动踏板行程传感器的接触表面未粘有异物。

③检查并确认制动踏板行程传感器的接触表面未粘有异物。

8. 维修结论

防滑控制 ECU 根据制动调节器压力和制动踏板行程计算所需总制动力。计算所需制动力后,防滑控制 ECU 将再生制动力请求发送至动力管理控制

ECU。动力管理控制 ECU 利用 MG2 产生负扭矩(减速力),从而进行再生制动。由于制动踏板自由行程调整后没有对制动踏板行程传感器进行零点校准,所以导致输入防滑控制 ECU 信号滞后。因此再生再生制动工作时间缩短,再生充电的时间减少(高压蓄电池不满电情况下),油耗也相应增加。

三、任务测试(工作页)

(1)维修作业前熟悉图 10-25 零部件的具体位置,同时写出它们的名称。

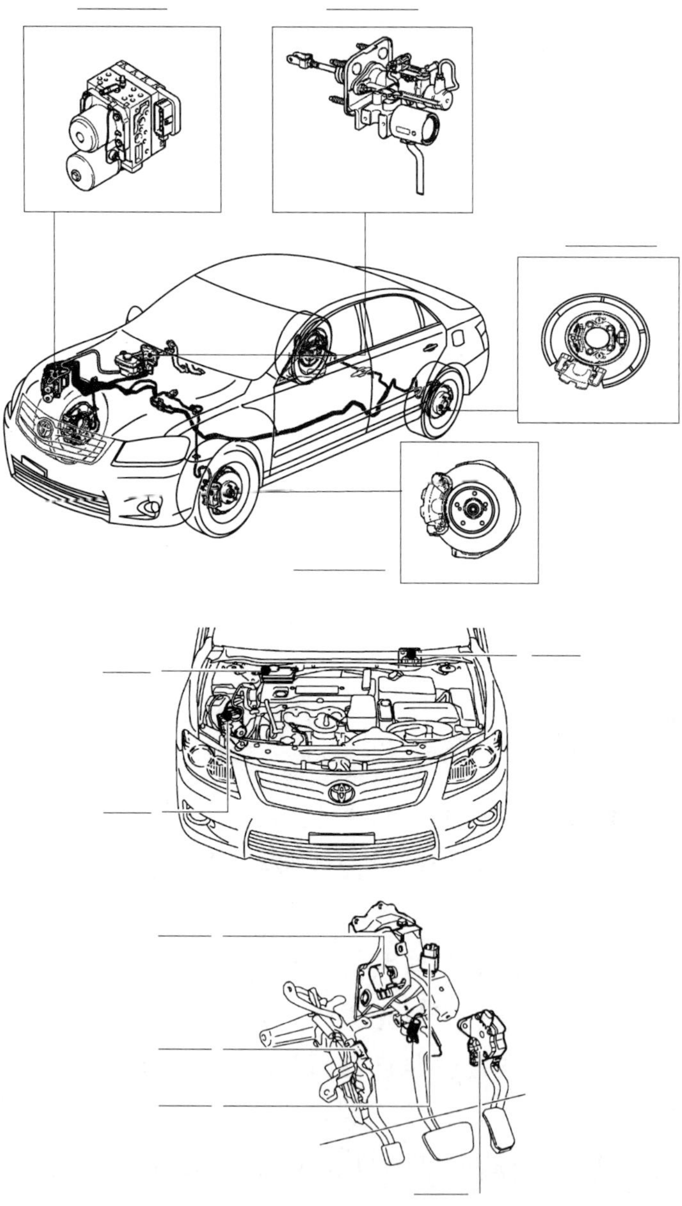

图 10-25　汽车零部件

(2)由于电子控制制动系统停止或由于某些故障无法施加蓄压器压力,则防滑控制 ECU 使失效保护功能起作用。通过测量系统关闭和失效保护模式下的电磁阀的工作状况(图 10-26),完成表 10-6。

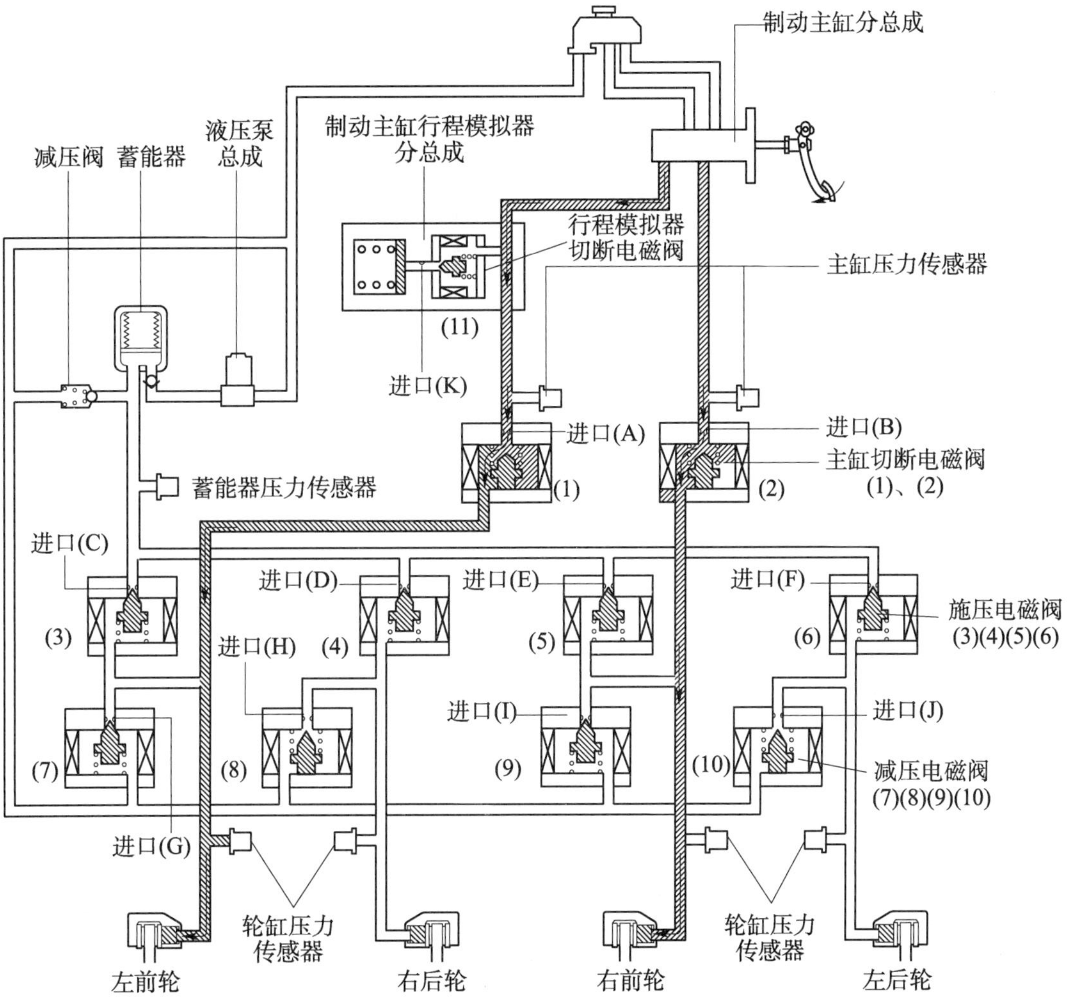

图 10-26　电磁阀的工作状况

电磁阀工作状态表　　　　表 10-6

电磁阀序号	名称及进口		系统关闭和失效保护模式
(1)、(2)	名称	主缸切断电磁阀	OFF(打开)
	进口	(A)、(B)	
(3)、(4)、(5)、(6)	名称		
	进口		
(7)、(9)	名称		
	进口		

续上表

电磁阀序号	名称及进口		系统关闭和失效保护模式
(8)、(10)	名称		
	进口		
(11)	名称		
	进口		

(3)检查防滑控制 ECU 与制动踏板行程传感器之间的线束和连接器连接状态并在表 10-7 记录测量数据。

测 量 电 阻 值 表 10-7

检测仪连接	连 接 状 态	电阻值读数
A75-6(VCSK)—A80-3(VCSK)		
A75-6(VCSK)—车身搭铁		
A75-8(SKG)—A80-1(SKG)		
A75-8(SKG)—车身搭铁		
A75-21(SKS)—A80-4(SKS1)		
A75-21(SKS)—车身搭铁		
A75-22(SKS2)—A80-2(SKS2)		
A75-22(SKS2)—车身搭铁		

(4)制动踏板进行调整或更换后,对制动踏板进行踏板高度和自由行程的调节。

①检查并调节制动踏板高度。

a. 拆下制动灯开关总成。

b. 松开锁紧螺母。

c. 转动主缸推杆,调节踏板高度(图 10-27)。

距离前围板的踏板高度为:________________

d. 紧固锁紧螺母。

e. 安装制动灯开关总成。

②检查并调节制动踏板自由行程。

踩下踏板直到感觉到轻微的阻力,测量距离如图 10-28 所示。

测量到的踏板自由行程:________________

③检查并调节制动踏板行程余量。

在检查制动踏板高度时的点测量行程余量:

a. 松开驻车制动踏板。

b. 电源开关置于 ON(READY)位置时,踩下踏板并测量制动踏板的行程余量。

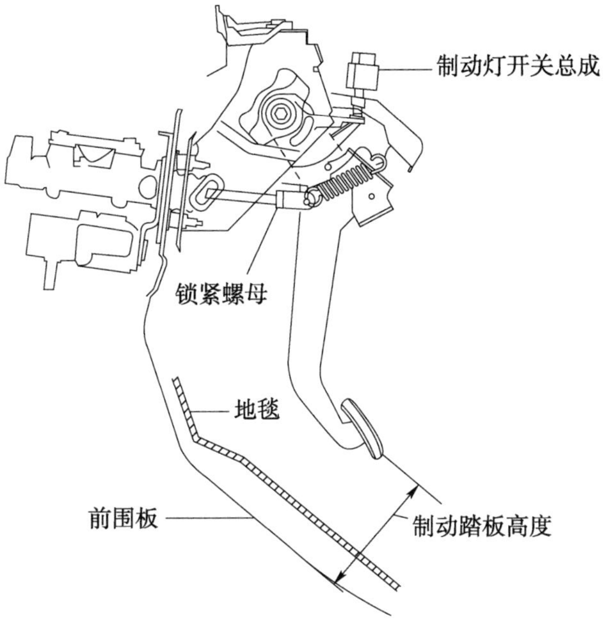

图 10-27　调节制动踏板高度

④重新装配制动踏板总成。

a. 在两个新制动踏板衬套上涂抹锂皂基乙二醇润滑脂,并将其安装到制动踏板分总成上。

b. 用螺栓和螺母将制动踏板分总成安装到制动踏板支架分总成上(图 10-29)。

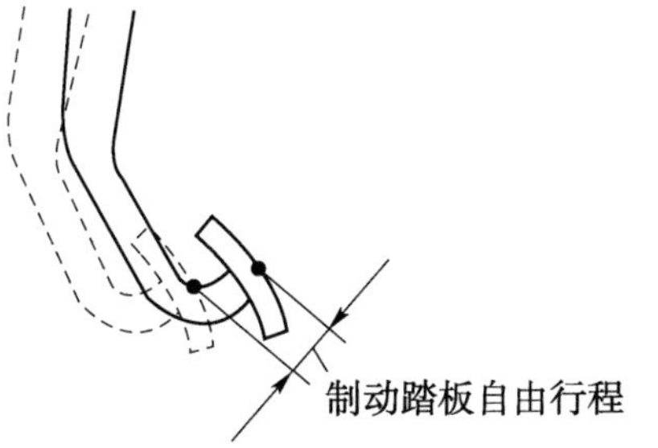

图 10-28　调节制动踏板行程

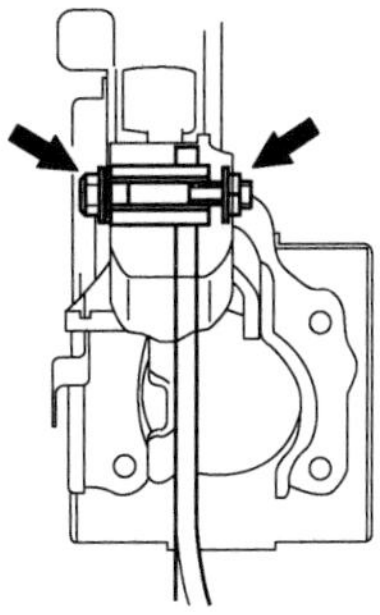

图 10-29　安装制动踏板

⑤安装制动踏板支架总成。

a. 用 4 个螺母安装制动踏板支架总成(图 10-30)。

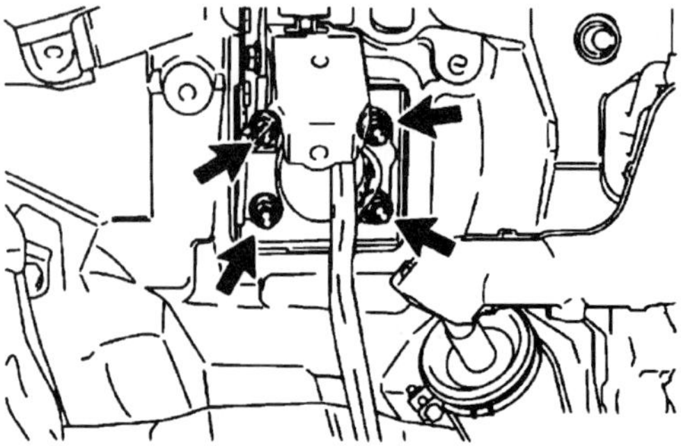

图 10-30　安装 4 个螺母

b. 用 2 个螺栓（A）和螺栓（B）安装制动踏板 1 号支撑板（图 10-31）。

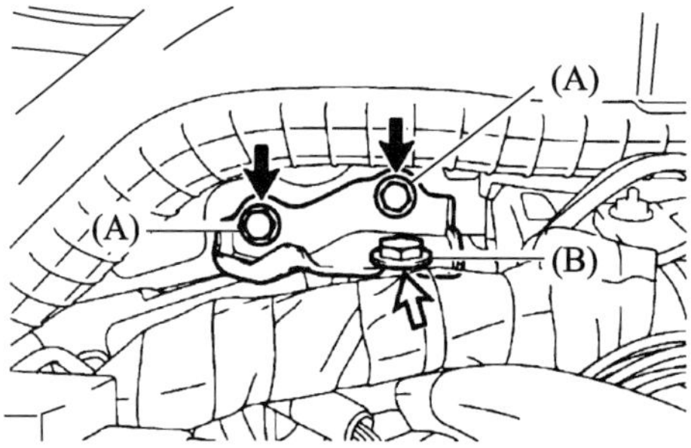

图 10-31　安装 1 号支撑板

⑥执行线性电磁阀的初始化和校准。

操作步骤参见本任务中制动踏板行程传感器的检修。

知识链接

再生制动系统也有其局限性

（1）仅对从动轮起作用。

（2）系统必须允许防抱死制动系统的使用。

（3）电池的电量限定为最大电量的 60%，上下浮动 20%，这样能延长电池使用寿命，且再生制动时允许能量储存到电池内。如果电池 SOC 为 100%，就没有地方储存多余的电量了，此时不得不单独用传统的摩擦制动器让汽车减速、停止。电池 SOC 值超过 80% 也会使电池过热。

目前尽管再生制动器在电动车或者混合动力电动汽车上的使用具有一定的局限性，但是它能延长电池组的使用寿命，节约燃料。

特别的制动主缸

ABS ECU 处理再生制动器和 ABS,它发送信号给混合动力 ECU,让 ECU 知道它施加了多少再生力。无须测量制动踏板的移动距离,因为它会随磨损而发生改变,系统用压力测量传感器检测主缸的压力。有些系统用制动踏板位置(BPP)传感器作为输入信号发给制动控制器。主缸的压力越大,驾驶人踩在制动踏板上的力就越大。

如果驾驶人只是轻轻踩一下,则主缸活塞位移会很小,只会稍稍使用液压制动器。这种情况下,ECU 会告知驾驶人只想稍微提速并指示混合动力 ECU 只应用很少量的再生制动。但是由于主缸压力增大,再生的能量也会自动施用。

制动辅助功能可大大提高制动力

制动辅助与 ABS 结合使用有助于提高车辆的制动性能。制动辅助将快速踩下制动踏板判定为紧急制动,如果驾驶人未使用足够的力踩下制动踏板,则制动辅助会对施加的制动力进行补充,如图 10-32 所示。紧急情况下,驾驶人尤其是没有经验的驾驶人通常会惊慌失措,无法对制动踏板施加足够的压力。制动辅助的主要特征在于制动辅助的时机和强度上的设计,此设计确保驾驶人不会感觉出制动操作有任何异常。驾驶人有意识地放松制动踏板时,此系统减小其所提供的制动辅助量。防滑控制 ECU(图 10-33)根据来自主缸压力传感器和制动踏板行程传感器的信号,计算踩下制动踏板的速度和力度,然后判定驾驶人是否要进行紧急制动。如果防滑控制 ECU 判定驾驶人要进行紧急制动,则系统激活制动执行器总成以增大制动液压,增加制动力。

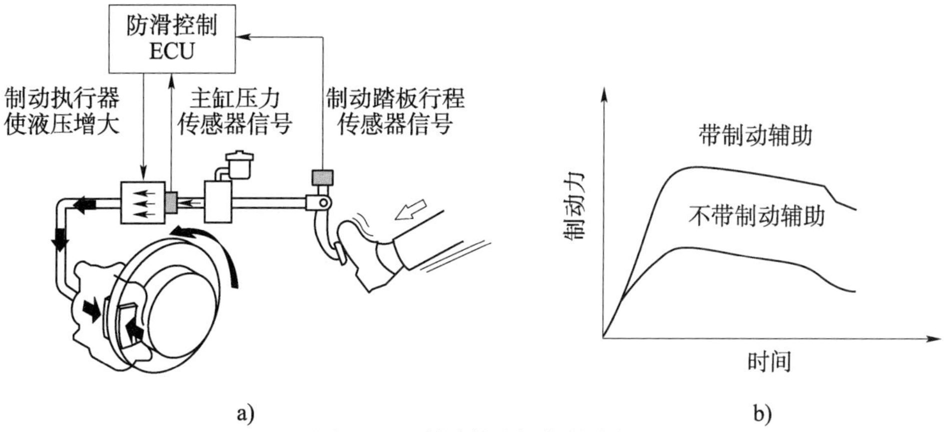

图 10-32 制动辅助提高制动力

丰田混合动力汽车制动系统如图 10-33 所示。

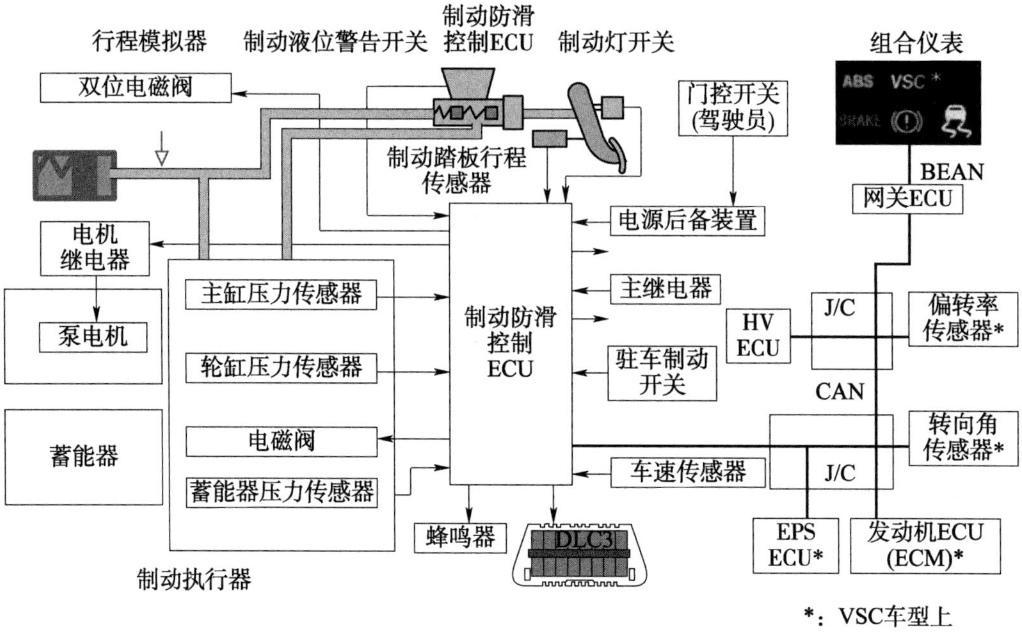

图 10-33　丰田混合动力汽车制动系统图

参考文献

[1] 姚科业. 看图学修汽车混合动力系统[M]. 2 版. 北京:机械工业出版社,2016.

[2] 李伟. 手把手教您学修混合动力汽车[M]. 北京:机械工业出版社,2015.

[3] 瑞佩尔. 图解混合动力汽车结构、原理与维修[M]. 北京:化学工业出版社,2017.